光文社知恵の森文庫

刈部山本

東京「裏町メシ屋」探訪記

光文社

本書は、ミニコミ誌『デウスエクスマキな食堂』
２００５年冬号〜２０１１年冬号から抜粋・再構成し、
大幅に加筆修正したものです。

はじめに

気づいたら遠くまで来ていたな。

いきなりナンノコッチャ?と思われたかもしれない。15年近く、同人誌とかミニコミ誌といった媒体で、誰にも頼まれてないのに勝手に自費で本を発行してきた。正確には今でも続けているのだが、その時々で気になる場所に赴《おもむ》き、土地土地に根付いている飲食店で食事をとった記録をまとめている。

そもそもは古本喫茶の自営を始めたのがキッカケだった。谷根千《やねせん》と呼ばれる東京の路地裏散策の本場みたいなところの誰が来るんだという狭小路地にある民家でやっていたから、店まで入ってきてもらうにはどうすればいいのか?と考えた時、味に特化していたから料理に対する自分のスタンスを知ってもらえたら興味持ってもらえるんじゃないか。と、仕事終わりに外食した記録をブログにUPし、それをまとめた本を年2回ペースで自費で発行することにした。

2004(平成16)年、世はブログバブル。色んなジャンルの料理がごちや混ぜに集まる節操ないブログを目指したが、もともと食への興味がラーメンにあることと、一人で店をやるとアチコチ食べに行けないこと、そもそも常に存続が危うい状態で売上も厳しいとなると、取り扱うのは安くてボリューミーでハイカロリーな、いわゆるB級グルメの類《たぐい》に偏ってしまう。

当時はカフェブームもまだ続いていたので、路地裏の古民家カフェ（古民家でもカフェでもないんだけどそういうイメージで括《くく》られる時代だった）のマスターがなんで油っこいもんばっか食っとんねん!?と、店とブログが乖離していって、店の宣伝という本来の目的はどこかに吹っ飛んでしまった。

それでも、店は辛《から》くも12年ほど続き、お一人専門の読書珈琲店としてだいぶ認知してもらえるようになった。同時に本もブログも、ラーメンを発端に、町の中華屋や食堂、場末の酒場といった土地に深く根付く個人店を、その土地の文化や特徴を交えて紹介するというスタイルが確立し、時折メディアでも取り上げられるようになった。

転機が訪れたのが、『街道deチャーハンを食う』という街道沿いにあるごくフツーの中華屋のしっとりとしたチャーハンを特集した本がキッカケとなって、ＴＢＳのテレビ番組『マツコの知らない世界』に出演した時だった。ここで恐らく初めて、町中華というものの存在と、そこで供されるしっとりチャーハンというものを明るみにし、多くの人に知らしめるに至った。町中華という言葉はだいぶ一般に浸透したと思うが、要はどの町にも駅前商店街なんかに一つはあるフツーの町の中華屋さんのこと。ラーメン専門店と違って、餃子に始まり、レバニラや麻婆豆腐、カツ丼やオムライスといった既に中華ではないものまで、なんでもありの地元の食堂として戦後の高度経済成長期に広まった店を指す。その辺の経緯などは本文でも触れるが、そういった町中華では、ラードたっぷりでテカテカして油っこい、ご飯も水分多めでしっとりと炒め上がったチャーハンが主流だった。

それがバブル以降だったろうか、グルメブームが起きてエスニックなどこれまで口にしなかった国の料理が味わえるようになり、中華も本格的な本場に近い味を売りにする店が話題となった。スターシェフがテレビでパラパラに炒めるチャーハン技を披露し注目を浴びた。これまでは、家庭で残った冷やご飯を土曜の昼などにチャーハンにしていたので、どうしても米がダマになり、仕上がりもベチャッとしていた。そこにパラパラが現れたことと、グルメ漫画で本当のチャーハンはパラパラとされたことで、パラパラがさも正統で正義のような風潮が広まった。

しかし待てよと。自分が親しんだのは町中華や家庭のベチャッとしてるくらいのチャーハンであって、それがサイコーに旨くてご馳走だった。単なるノスタルジーではなく、実際に多くの町中華で食べても今でも美味しいと思えるのはしっとりの方だ。日本の戦後の労働者を支えてきたのは、そうしたしっとりチャーハンのような料理ではなかったか!? それが仮に似非《えせ》のなんちゃって中華だったとしても、日本で独自に発展した味を蔑《ないがし》ろにしていいはずがない。

今世紀に入ったくらいからのレトロブームで、昭和30年代の文化が異様にもてはやされた。たぶん、バブルのような成長神話の崩壊による反動だったと思うが、レトロというレッテルを貼って過去の思い出とすることで、現在の時間軸とは断絶させた世界という印象を与えた側面もあったと思う。バブルのグルメブームで一度は過去のものとされた町中華も、次々と地上げや建物の老朽化、店主の高齢化で失われつつあるが、今でも営業している店は、40年50年と歴史を刻んできた、リアルタイムの現在進行形店だ。

町中華が繁栄した背景には、ショッピングモールはおろかスーパーもない時代は個人店が主だったこともあるが、近隣に町工場が建ち並んでいる町で、そこに従事する労働者に支えられた側面が大きかったことは間違いない。ご当地B級グルメも企業城下町だったなど、ルーツとなる店には根付いた要因があるはずだ。そういった、土地ならではの文化とそこで長年続けられている店には必ずと言っていいほど関係性がある。

自分は歴史のルーツを探るような研究家ではないので、直接の歴史的関連付けまでは見出せないし、そこまで強固な繋がりはないと思うが、その町の生活に根ざした文化の痕跡を路地裏から見て、そこにある店で食事をするということで、単なる観光では味わえない、何か、土地ならではの空気を感じることができる。

そんな空気を味わいに東京とその近郊へ、明治からの変遷を辿りながら、町の裏側とそこに根ざしたメシ屋を巡る旅に出るとしよう。

本文デザイン／Ｍａｌｐｕ Ｄｅｓｉｇｎ（佐野佳子）
写真／吉澤健太、刈部山本
地図／小坂タイチ

目次

63
第2章 明治からのレンガを追う
銀座・日本橋・神田、路地裏の穴場老舗が見えてくる

かつて東京の中心だった万世橋
戦前・戦後で変わった町への視点
看板建築街・淡路町
思わず叫んだ！　奇跡の激シブ老舗

第3章
関東大震災からの復興
上野東側の裏路地に見る
和洋定食・男子メシ紀行

ザ・喫茶店で腹ごしらえ
地下鉄の踏切、見たことある？
東京最後の同潤会アパート
蔦の絡まる異様な建物の正体とは？
軀体は戦前のまま!?　驚異の食堂
商店街でインベーダーを満喫
ナポリタンに佐竹の実力見たり
嗚呼！　懐かしのハムライス

おかず横丁に往時の賑わいを見る
ド本命の立ち飲み屋でフィニッシュ

第4章
多摩湖から玉川上水を辿る
近代水道の発展から、郊外の地グルメに会う

旨すぎ！　武蔵野うどん
廃線跡を経て再びうどん
圧巻！　嘘みたいなレンガ取水塔
廃線跡を行く
今度の取水塔はメルヘンチック！
強烈！　久留米豚骨の異臭空間
玉川上水の暗渠区間へＧＯ
明大前が暗渠露出ポイント
今はなき、コロッセオのごとき配水池
長かった旅も終盤、いよいよ新宿！

カオスな食堂で水と名物丼を一杯

コラム　2

177

第5章

戦争への足音が響いた町

板橋から北区へと広がった軍用地は今!?

火薬工場跡ズラリ

花椒に加え酢、激ウマ中華

「二造」を経て北区に突入

軍の遺構はまだまだ続くよ

コスパすごすぎのとんかつ定食

普通の公園かと思いきや……

「からし焼き」、ご存知ですか？

引き込み線の廃線跡をたどる

団地テナントで生姜焼きを

第6章　戦中から戦後へ

空襲からドヤ、ちょんの間と経た横浜ストーリー

第7章 赤線のあった頃

吉原・向島・鳩の街・玉ノ井ラビリンス

第8章 物流が町を変える

貨物線から臨海部へ、葛飾・江東・品川の旅

(963)
0907
コアラ
トーイ
仲宿

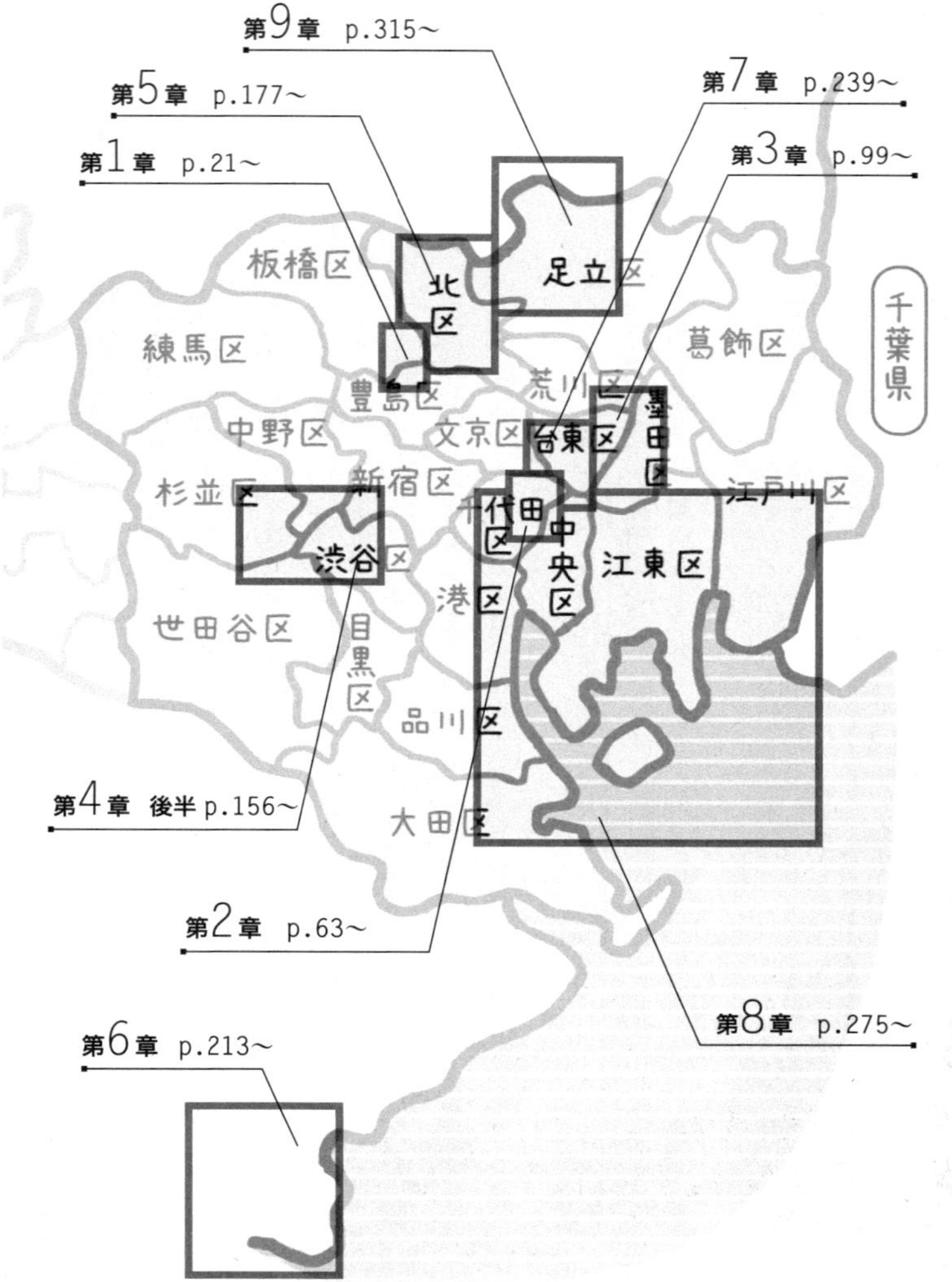

第9章 p.315～
第7章 p.239～
第5章 p.177～
第3章 p.99～
第1章 p.21～
板橋区
北区
足立区
千葉県
練馬区
葛飾区
豊島区
荒川区
中野区
文京区
台東区
墨田区
杉並区
新宿区
江戸川区
千代田区
中央区
渋谷区
江東区
港区
世田谷区
目黒区
品川区
第4章 後半 p.156～
大田区
第2章 p.63～
第8章 p.275～
第6章 p.213～

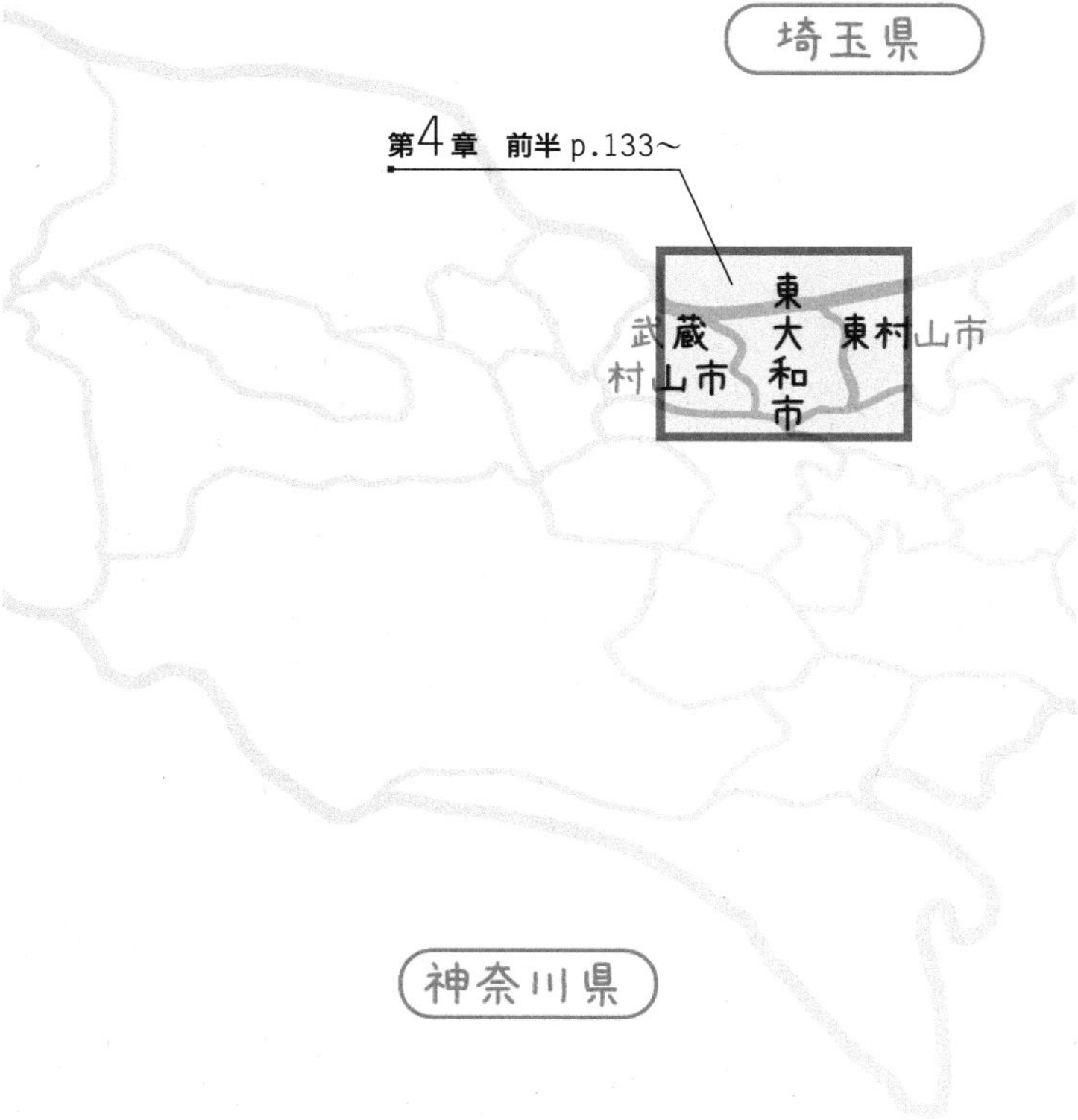
埼玉県
第4章 前半 p.133~
武蔵村山市
東大和市
東村山市
神奈川県

［註］写真や価格は、一部再訪問したものを除き、『デウスエクスマキな食堂』２００５年冬号～２０１１年冬号発行時のものです。

第1章 板橋しっとりチャーハン

板橋を見れば東京大衆食の近現代史が分かる!?

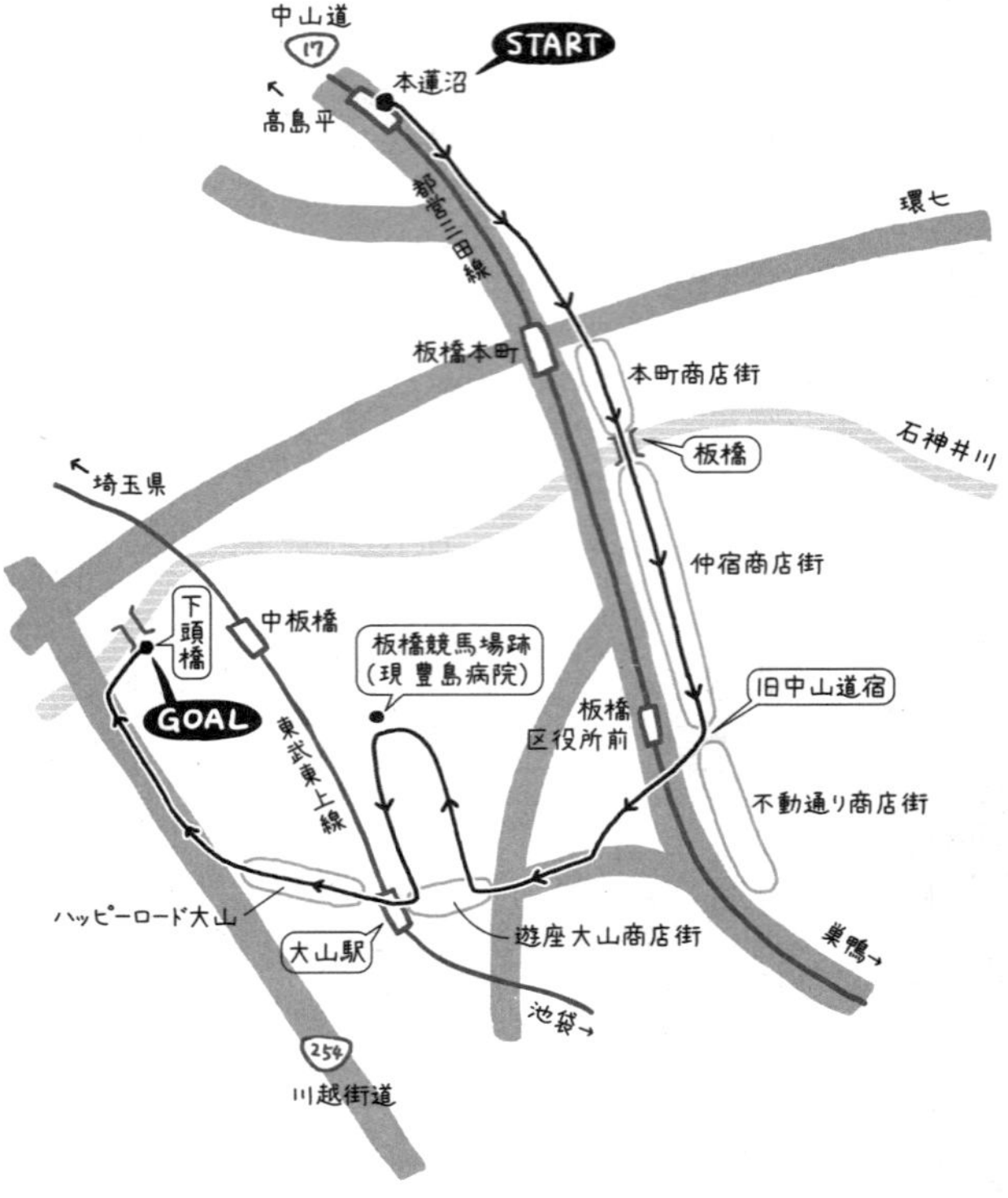
中山道
17
START
本蓮沼
高島平
都営三田線
環七
板橋本町
本町商店街
板橋
石神井川
埼玉県
仲宿商店街
中板橋
下頭橋
板橋競馬場跡
(現豊島病院)
旧中山道宿
GOAL
東武東上線
板橋
区役所前
不動通り商店街
ハッピーロード大山
大山駅
遊座大山商店街
巣鴨→
池袋→
254
川越街道

旧中山道を食べ歩き

板橋《いたばし》は商店街の宝庫なのだ。東京で商店街というと、どうしても戸越《とごし》銀座や武蔵小山《むさしこやま》、それか十条《じゅうじょう》銀座か千住《せんじゅ》あたりの下町のイメージに固着しがちだが、板橋は大山《おおやま》の商店街だけでなく、交通量の多い幹線道路から脇道に入れば、大小さまざまの商店街に出会うことができる。そこには実に小体でソソる穴場商店が潜在しているのだ(好きで隠れてるわけではないだろうけど)。

区名の由来とされている石神井《しゃくじい》川に架かる板橋へと至る**仲宿《なかじゅく》商店街**は、江戸五街道の一つ中山道《なかせんどう》の旧道。中山道の最初の宿場町である板橋宿は、江戸四宿の一つとして栄えた。商店街というと、昨今はシャッターばかりが目立つ寂しい通りが多いが、そんな時世に仲宿商店街は結構な賑わいを見せている。しかし、江戸期はその比ではないくらい栄え、宿場は北から上宿《かみじゅく》・中宿・平尾宿に分かれ、旅籠《はたご》(食事を供する宿屋)や茶屋、居酒屋に湯屋、遊女屋までが軒を連ね、活況を呈したそうな。

遊女屋とあるように、この地には**板橋遊廓**が存在していた。旅籠では多くの飯盛《めしもり》女《おんな》(奉公人という名目で半ば黙認されていた私娼)を抱えていたようで、なんと吉原《よしわら》に次ぐ大規模な遊廓が形成されていたのだ。そんな仲宿にまずは向かおう。

都営三田線の本蓮沼《もとはすぬま》駅を出ると、車の往来の激しい現在の中山道のド正面に出る。ここから南下していくと、三叉路から分岐する脇道が見えてくる。ここから**旧中山道**が続く。周囲に昭和からと思しき商店が時折見受けられるものの、一見して**ただの住宅地**の路地にしか見えず、大通りの喧騒が嘘のように急に寂しくなる。マンションも建設工事中で、かつては商店の町並みがあったかと思うと残念でもあるが、そんな中でも、シブトク暖簾《のれん》を掲げ続ける一軒の中華屋が**一元**《いちげん》。

間口はそう狭くないが、入ってみると奥行きのなさにビックリ。4人がけのテーブルが2つあるだけ。あとは申し訳程度に壁に向かうカウンターが数席あるのみ。そんな光景を前に立ちすくんでいると、慌てたように女将《おかみ》さんが奥の厨房から出てきた。急なフリの客で驚かせてしまったようだ。スンマセン。

壁面に手書きのメニューがズラーッと並ぶが、なにより目を引いたのが、**チャーハン・半ラーメンセット700円**。半チャンはよく見かけるが、ラーメンが半になってるのは意外と少な

一元の半ラーメンセット

い。即座に注文して出来上がりを待つ間、店内を見渡すと、頭上にはテレビが流れ、新聞のほかコミック類が充実しているという、ありふれた町中華的風景だが、これがやっぱ落ち着くんだわ。

まずはチャーハン。半円形にキレイに成形され、グリーンピースも紅生姜も乗る正統派と見せかけて、むしろ焼き飯と形容したくなるような、**しっとりタイプ**ながらかなり火が強めに入っている。タマネギの甘みと香ばしさのコンビネーションが絶妙。細切れのナルトもいいアクセントになっている。

半ラーメンはというと、具は割愛されながらもしっかりしたボリュームあるじゃないすか。出てきた瞬間から煮干の香りがガッツリ香ると思ったが、表面の所々が銀色に煌《きら》めいている。もしやとスープを啜ると、失礼ながら町場の中華屋とは思えないほど**ガッツリ煮干の効いた濃厚スープ**に驚く。秋田の角館《かくのだて》に端を発する、王子の**中華そば屋　伊藤**ほど強烈ではないものの、それを思い起こさせる**ニボニボ具合**を感じた。白い中細麺も柔らかくもモチモチとした食感で、適度に煮干スープが乗って、心地よい苦みと香りが口中に溢れる。

こんな素敵な町中華空間でこのようなラーメンが食べられるとは。このこぢんまりとした空間に、女将さんの優しさがギュッと詰まっている気がした。とても幸せな気分になれる一時だった。

　この先さらに南へと旧道を進むと、環七《かんなな》こと環状七号線にぶつかる。この手前にある**内山肉店（肉のウチヤマ）**は、古くから営業されていると見えて、錆びた大看板と煤けた店頭の様がなんともカッコいい。精肉販売の脇で**揚げ物や焼き鳥の店頭販売**を行っており、ガスで焼かれた焼き鳥は、夕方になると煙が立ち込め、香りに誘われてか客がどこからともなく集まってくる。なんてオジサンホイホイなシチュエーションだろう。

　品揃えは、鶏肉に皮、レバー、シロ程度で鳥の定番のみだが、オーソドックスな鶏肉をいただくと、これが驚くほどホワンホワンとしたソフトな食感。嫌な臭みや硬さが微塵もない。身もやや大ぶりだし、人気が出ないわけがない。

　しかし最近になって、ご主人の体調が芳《かんば》しくないようで、焼き鳥部門のみしばらくお休みとなっている。ご無理のない範囲での復活に期待したい。

煤けた店頭がカッコいい

町中華のソースカツ丼

口中に焼き鳥の余韻を残しつつ、交通情報の渋滞スポットでお馴染み大和町《やまとちょう》交差点脇をアンダーパスすると、**板橋本町商店街**に入る。ここまでの旧道よりは商店が増えるが、それでもかつて宿場として賑わった面影は見受けられない。

どうにも心もとない感じにフラフラと歩いていると、石神井川に架かる板橋の手前に、町中華**かさま**を発見した。両サイドはビルに変わっているので余計に際立つ。かつてはこういう商店がたくさん並んでいたんだろうなぁと想像させる物件だが、その想像を助長させるのは、やはり**店頭の商品サンプル**のディスプレイだろう。ラーメン類のほか、チキンライスやカツライスといった洋食系も充実しているのがなんとも魅惑的。しかも造花で彩られちゃっ

かさまの店頭ディスプレイ

たりして。こういう家庭的な要素からも、もうハズレの予感がしない。入るなと言われても入る!

入店すると、思った以上に小体《こてい》で、8人も入ったら一杯な感じ。とはいえこの距離の近さが地域密着店ならではでタマランのよ。壁一面に貼られた手書きメニューといい、お湯・お冷やと分かれたポット、そして使い込まれているが磨かれた岡持ち。テレビを見るともなしにスポーツ新聞にも目を落としながら、お店の方とチューハイ片手の常連さんとの地元トークをBGMに出来上がりを待つ時間がなんとも代えがたい至福の時である。

注文した**ソースカツ丼**850円がやってきた。カツライスと悩んだが、せっかくなので珍しい度合いの高そうな方ってことで。でもこの選択がここまで命中するとは。というのも、町場の定食屋などでも玉子とじでないカツ丼は珍しく、あったとしても単にトンカツのカツを切って丼に乗せただけという代物がほとんどだ。しかしこちらのはフタこそされてないものの、楕円形で厚みの薄いカツが2枚、ウスターソースにドボンと浸されたものが、丼に覆いかぶさるように乗っかっているのだ。

これはどちらかと言えば**会津若松や福井で見られるタイプのソースカツ丼**ではない

か。カツ丼は玉子とじではなくソースカツ丼がルーツとされる。早稲田にあった**ヨーロッパ軒**という店が発祥とされるが、関東大震災で考案者が福井に戻り広まったというのが、諸説ある中で一番有力なようだ。福井式はキャベツを敷かず、会津若松はキャベツ式の元祖と謳っているので、こちらのはそれに近い。

とはいえ、先述のようにいわゆるロースカツのような脂身もある肉厚のタイプではなく、どちらかというとヒレっぽい小ぶりなもの。脂でガツリ喰わせるのでもなく、中はホクホクで軽々と食べられてしまう。それにソースに潜らせているにもかかわらず、やや薄めにキメ細かく揚がった衣がクリスピーな食感を失っていないのもポイント高し。

いやはや東京で、しかも何気ない商店街の中華屋でこういうソースカツ丼が食べられるとは。ここまで商店がまばらで少し意気消沈していたが、カツ丼は食べると元気になれるね。

かさまのソースカツ丼

板橋には銭湯が多い

板橋を渡ると仲宿商店街に入る。ここから一気に商店が増え、買い物客も通りに溢れている。かなり歴史ありそうな**商店建築**も見受けられるが、平成からのまだ新しそうな惣菜店やパン店なども多く、急に活気ある現代の商店街といった姿に様変わり。人気《ひとけ》が多いと気分も上向いてくるね。

橋の袂《たもと》に**水神《すいじん》湯《ゆ》**という銭湯があり、建物の塀がレンガ造りだったのだが、廃業とともに取り壊されてしまった。以前、いたばし観光ボランティア「もてなしたい」の方にこのレンガ塀について聞いたところ、**憲兵隊の詰め所跡**ではないかという話だった。その時、この界隈にあったレンガ塀のことを一通り聞いたのだが、**伊勢《いせ》孫楼《まごろう》という遊廓跡**以外はよく分からないと言われた。せっかく、歴史を知る年配の方がガイドとして常駐されているのに、ぶっちゃけ、ガックリきてしまった。以前にいた先人との歴史のリレーが上手くいってないのかよ!と残念な気持ちになった。

伊勢孫楼の痕跡

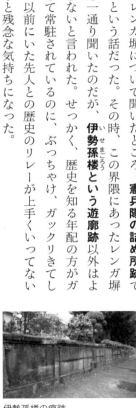

先に触れた江戸期の商売に湯屋とあったが、板橋は未だ**銭湯の多いエリア**で、調べてみたら大田区や江戸川区、足立区、葛飾区に次いで5番目に多い区だった。この一連の商店街沿いにも水神湯の他に花の湯もあったが、最近廃業された。お寺のような昔ながらの宮造りの銭湯で言えば、商店街から路地を入った所にある**梅の湯**が健在。立派な千鳥破風《ちどりはふ》（三角屋根）と唐破風《からはふ》（丸型で両端が反った屋根）の彫刻を施した庇《ひさし》が出迎えてくれる。

松竹錠の下駄箱を抜け、脱衣場に入ると、頭上高い格子天井の焦げ茶色が目に入ってくる。非常に典型的で、余計なもののないシンプルさがグッとくる内装。未だ番台なのも嬉しくなる。

浴室に入ってみると富士山の絵はないものの、縦に並ぶカランの奥に湯船という王道の銭湯空間が広がる。こうなると風呂は熱湯かと思いきや、古くからの町場の銭湯としてはぬるい方。温度計は42℃を指していたが、浸かるとすぐスッと熱さが全身に馴染んでくる。**井戸水を薪で沸かしている**とのことで、その効果かな。

湯上がりは庭の池を横目にスポーツ新聞なんぞを眺めつつ、なんとなくテレビの音

立派な千鳥破風と唐破風

を感じながら、しばし湯冷まし。ちょっとの間でも、こうして過ごす銭湯ならではの時間は、ナニモノにも代えがたい。

レンガ塀と遊廓

仲宿商店街に戻り南下すると、かなり年季の入ったコンクリート建築が目に飛び込んできた。そこに入っているのが**肉のマツキン（松金商店）**という。建物自体は百年建築となり、**大正期の商店街最古のマーケット**という。今のようなスーパーができる前は、八百屋や魚屋が一箇所に集まったマーケットが町に一つは必ずあったものだ。今でもマツキンのほか、喫茶店など辛うじて店舗が入っているが、多くは撤退し、建物の奥は薄暗い空間が広がっている。この建物の上には**屋上遊園のような遊戯施設**があり、往時はたいそう賑わったとマツキンの女将さんが教えてくれた。

いかにも町のお肉屋さんといった、しっかりした食感の中身が詰まった**メンチやコロッケ**を頬張りながら商店街を南へ進も

年季を感じるマーケットの佇まい

うとすると、マツキンの隣に古色のレンガが積み重なった堅牢な米屋がドカーンと圧倒的な存在感で迫ってきて、あまりの不意打ちにメンチを落っことしそうになった。

火事と喧嘩は江戸の華というが、明治に入ってからも火事は多く、１８８４（明治17）年の大火で板橋宿の多くが焼けたため、防火対策として多くの**レンガ建築**が建てられた。この**板五**《いたご》**米店**もそうで、この奥の路地裏にもレンガ塀が何十ｍも続く一角があった。そこにはかつて、先の観光ボランティアさんも触れていた、伊勢孫楼という遊廓が存在した。レンガ塀自体は明治期に防火対策で造られたようだが、その後は病院になるなどし、つい最近に建売住宅となった。塀もほとんどが取り壊されたが、辛うじてごく一部だけ、往時の姿を留めている。そこだけなんだか時間が止まったようで、見る度に不思議な気分になってしまう。

板五米店を過ぎると仲宿商店街の南端に至る。この袂にかつての街道筋であることを示す里程標《りていひょう》が、茂みに隠れて見つけづらいがしっかり立っている。

ここからさらに旧平尾宿の**不動通り商店街**が続く。東側には江戸期に置かれた**加賀**

堅牢なレンガ建築の存在感

藩の下屋敷の広大な土地があり、明治以後は**日本軍の軍事工場**が建ち並んだ。今でも学校などに転用され、一部に往時の建物が活かされている。この辺りは北区にも掛かるので、詳しくは後の章に譲るとして、今は西へと、板橋区役所を越えて**ハッピーロード大山**へと向かおう。

板橋といえば大山の名が挙がるほど、ハッピーロードは下町的雰囲気の代表格として知られるようになった**アーケード商店街**。元々はこれまで歩いてきた仲宿と、ハッピーロードの先の川越街道を繋ぐ道として商店が並ぶようになった。特に戦後は大山駅周辺に**闇市**が出来、一時は百軒を超える商店が集まったというが、そこから商店街が形成され、東武東上《とうじょう》線の線路を挟んで東側が**遊座《ゆうざ》大山《おおやま》商店街**、西側がハッピーロードとなった。

ハッピーロード大山

出た！　板橋しっとりチャーハン

板橋区役所の脇、山手通りを越えた先に続く商店街が、遊座大山。その入口の角ッコに、小体な中華屋**まるよし**がある。往来する車のヘッドライトに照らされ、経年変化した外観のヤレが浮かび上がる。この場所で長年営業を続けてきたからこその存在感、これぞ町中華。昼間も営業しているが、夜は遅くまで営業している。ロードサイドは夜が似合う。

店内は**L字カウンターのみ**で、大人が6人も入ればパンパンな狭さ。そこで見知らぬ同士、譲り合ってアルコール片手に餃子をツマみつつ、チャーハンやラーメンで〆る。そのささやかな幸福が小さな店内で完結している感じがなんともタマラナイ。餃子350円は大ぶりで皮の厚い代物。自家製というザラザラした一味の粒々に付けて食べると、甘みのある餡と辛みがバランス良く口中で合わさる。これにはやはり**冷えたチューハイ**を当てたい。

そして〆はやっぱりチャーハン普通盛550円。実はこちら、『マツコの知らない世界』の「**板橋チャーハン**の世界」にてスタジオで鍋を振るっていた店。ナルトの入った王道の**しっとりチャーハン**が食べられる。以前は時代の波ゆえか、いつしかナルトを入れなくなったのだが、テレビ出演を機にナルト入りに戻った。自分の独断と偏見によるが、多くの町中華を見てきた雑感として、ナルトというのはチャーハンの全体量を多く見せる安価なアイテムだったんじゃないだろうか。肉が高価だった時代、今では具材としては野菜の方がコスト高だったりするが、ラーメンにナルトを入れるため常備していたこともあって、かさ増しで用いられたのではと推察している。

ナルトとともに昭和からの町中華のチャーハンといえば、炊きたてご飯と油にラードを用いるのが定番。**ツヤのあるシットリとした食感**が生まれる。それに加え、炒める際にラーメンにも使うこの店のベースとなる中華スープをこちらの店でも入れている。これによりさらにシットリ感が増す。

チャーハンをレンゲで掬うと、テカテカとテリのあるご飯の割れ目から湯気が立ち、

王道「しっとりチャーハン」！

なんとも食欲をそそる。ラードの動物性特有の満足度の高いコッテリ感と甘みが、水分を含んだ瑞々しい米ならではの甘みをさらに倍加させる。マッコ・デラックスもチャーハンは油でご飯を美味しく食べる料理と言っていたが、同時代人として全く同感である。

まるよしは当然チャーハンが〆に最高なわけだが、人気ゆえ、米が早くになくなってしまう。そんな時は焼きそばを頂きたい。一般的なソース焼きそばの濃い色味はなく、ほとんど塩味と言っていい白さ。蒸し麺ではなく生の中華麺をその場で茹で、野菜とともにさっと炒め味付けされた代物で、遅い時間に立ち寄るとほかにあまり見られない焼きそばをつい頼んでしまう。

競馬場跡から夜の横丁へ

遊座大山商店街裏の住宅地には微妙にくねったり変に分岐する細い路地が多い。商店街と並走するように北側に流れていた千川上水《せんかわじょうすい》へと注ぐ水路で、千川上水はすでに蓋をされ**暗渠《あんきょ》化している**が、かつての川筋を進むと、広大な豊島病院の敷地に出る。

ここにはかつて1908（明治41）年から2年程しか存在しなかった**板橋競馬場**があった。敷地の西側は東武東上線の線路脇になっているのだが、ここを実際に訪れてみると、かなり急な坂道になっている。こんな高低差のあるところに競馬場?と思うが、実は開設当時、税収のほかに日露戦争による軍馬の育成の目的があり、わざと急勾配のあるところに作り、馬を鍛えたのだという。実際開催されるようになると、日露戦争の特需に浮かれ、**賭博に溺れる人が続出**。この頃からかなり板橋のガラの悪さが窺い知れるが、その後馬券禁止令が敷かれ、3回だけ、計11日間が開催されるのみとなった。

競馬場跡から遊座大山に戻ると、すぐ目の前が東武東上線大山駅。踏切を渡った先のアーケード商店街がハッピーロード大山。昨今多くのメディアでも取り上げられ、一見するとこの界隈に闇市があったとは思えないが、アーケードから少し入った線路脇の路地にはジメッとした空気が漂う**狭小店ひしめく夜の横丁**が名残を留めている。

商店街は大学芋や焼きそばが名物の昔からの甘味食堂や24

闇市の名残のある横丁

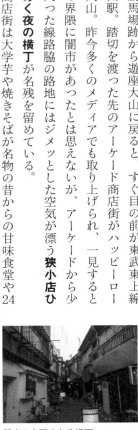

時間営業の手作りサンドイッチ店など、個性的な商店は残ってはいるものの、いつしかどこの町でも見かけるようなフランチャイズ系の店舗が目立つようになった。商店街から路地に入れば酒場も多いが、そこも系列店舗がだいぶ占めている。都心の露出の高い商店街は地代も高くなかったのか、このような傾向が近年顕著な気がする。

商店街を抜けると川越街道（国道２５４号）に出る。戦国時代の太田道灌《どうかん》が川越城と江戸城を築いた頃、２つの城を行き来するために整備された道が川越街道のベースとなっている。

チャーハンかさ増しの歴史

ハッピーロードには「みらいくん」と「ゆめこちゃん」というマスコットキャラクターがいたのだが、この名付け親が、カリスマホストとして名を馳せた城咲仁《しろさきじん》。実はハッピーロードからほど近い、川越街道裏手にある町中華**丸鶴**《まるつる》店主のご子息。しかも、有名人ということで命名権が与えられたわけではなく、氏が子供の時に公募したものが採用されたというから驚きだ。

さらに丸鶴のご主人自身にも縁がある。ここ大山で青年期の昭和30年代に、既に料理人として独立されていたご主人が店長まで務めていたのが、商店街にあった**大和軒**という中華店。今ではなくなってしまったが、古くからの地元民に長年愛された。さらに麺を魚介と動物ダシのつけ汁にひたして食べる、つけ麺スタイルの元祖となる大勝軒におられたこともあり、魚介香るスープのラーメンに、中華もりというつけ麺メニューも高クオリティ。

その丸鶴も、『マツコの知らない世界』に出演頂いた一軒。息子さんとは違った色気を放つダンディなご主人は出演交渉の際に、自分が提案した、炊きたてのご飯をラードで炒め素早く提供するのが町の中華店のチャーハンである、というしっとりチャーハンの条件に共鳴して下さり、息子さんの後押しもあってなんとか出演頂いた。

ご主人が作るチャーハンは塩コショウもしっかり効いてパンチの効いた味。さらに使いまわさない**フレッシュなラードを使用**することでコッテリとした満足感がUP。**チャーハン専用に炊いた米**のしっとり感と甘みの生きた一皿となっている。ただでさえチャーシューが多くボリューム満点なのに、チャーシューチャーハンとなると**チャーシューと米の分量が半々**にまで、ウソだろ!?ってくらい増える。でもここに、お前らに腹一杯まで食わせてやる！というご主人の意気が投影されている気がしてならない。

昭和30〜50年頃にかけて多く発生した町中華がこういったチャーハンになったのは、日本人の食が豊かになり、それにつれて客の満足度が変化したことに対応してのこと。先にナルトが消えた話をしたが、昭和のチャーハンはナルトやハムを入れるなどして肉や量の代わりを演出していたが、食糧事情が変わり、チャーシューなどの実際の肉が入れられるようになり、客もまたこれまでのスタイルに満足できなくなっていった。そこには、町中華が単に町の食堂というだけの機能が求められるのではなく、戦後からの経済復興の中で、汗水垂らして働いた肉体労働者が満足できるような塩分の濃い味と油っこさ、ボリュームが求められてきた背景がある。

モチロン、昔ながらの**ナルトやハムのスタイル**を継承している一皿に出会うと嬉しくなる。現在はどんどん外食も減塩傾向にある中、そしてファミレスなど大型チェーン店が台頭してくる前の町の個人店で育った世代が高齢化し、日常の外

レタスチャーハン700円もこの量

食に薄味が求められるようになった今、色んなニーズに応え、ハムやナルトが入るようなしっとりチャーハンを薄味で提供する店もあれば、まだまだ現役でガッツリ量を濃い味で食べるニーズに応え続ける店もある。

丸鶴はまさしく後者で、**行く度に量が増えてる**気がするのだが、チャーシューをたくさん扱うことや、ご主人自身が肉を下ろす工場にいたこともあって、とんかつや肉天ぷらなど、肉料理のクオリティが専門店レベル。それでいて大勝軒にいたとあれば、付け合わせのスープでさえ魚介香る濃厚な一杯。先にスープが提供されるとつい手が伸び、メインの品が出てくる前に飲み干してしまうが、これが止められない。

こういう料理を、注文すれば目の前で手作りしてくれるってのは、なんと幸せなことだろう。町中華があるうちに、一つでも多くの店で経験しておきたい。

ロードサイドで生き残る町中華

現在の川越街道は戦前の1932(昭和7)年頃に新設され、戦後から高度経済成長期となって、交通量が増えていった。その背景には、物流がこれまでの船や鉄道からトラックといった車に変わり、土地を求め工場や倉庫が郊外へと広がったことで、郊外と都心部を結ぶ幹線道路が整備されたことと、日本人の生活が豊かになってマイカーを持つようになり、宅地を求め手狭になった**都心から郊外へ**と人が移り住んでいったことが挙げられる。

急激に交通量が増えたことにより事故件数も増大。昭和30年代には交通戦争などというワードが生まれるほど社会問題化した。特にトラックやタクシーといった職業ドライバーの増加は、幹線道路沿いに**ロードサイド店**という新たな飲食業態を生み出した。

ファミレスの代名詞ともなった**すかいらーく**が国立に1号店を出したのが1970（昭和45）年。以後昭和50年代にかけてロードサイド中心に爆発的に各社ファミレスが増えていくが、それ以前は個人店のほか、少し個人店の規模を大きくした中華や定食の店、それらが一部地域でチェーン化したものが主だった。大山近辺から成増《なります》にかけての川越街道の都区部は、大型チェーン系も見受けられるものの、個人店、特に

地元客で賑わう町中華 末っ子

町中華が近年まで多く見受けられる道路だった。

　その中で未だ元気な姿を見せてくれているのが、**末っ子**。大山店とあるので浅草にある店の関連店のようだが、それにしては**家族経営っぽい佇まい**。入ってみると、テーブル席がたくさん並び、地元客で賑わう町中華らしい光景が広がっていた。奥には大人数用の大きなテーブル席もあり、学生の団体がガツガツ食いまくっている。

　腕っ節の良さそうなオヤジさんが厨房で一人で調理をこなし、女性陣数名がフロア担当で、次々入るオーダーを捌いている。ほとんどの客がビールを飲んでいる。それに合わせる一品が特徴的。野菜系の炒めモノがよく出るようで、**とにかく量が多い**。底の深いラグビーボール型のカレー皿みたいなのにテンコ盛り。あとライスぐらいで〆るのかと思いきや、同じ大きさの焼きそばを食うのだから驚いた。女性連れも同じくらいみんな食ってる。ガヤガヤとした心地よい喧騒の中、夜な夜なこんな光景が毎日繰り広げられているのか。恐るべし！

　自分のチャーハン大盛り650円は大盛りでも常識的な量で安心した。さすが夜の街道沿いとあって油コッテリ仕様。それが水気の多いズッシリした米に絡まってるから食べ応えは抜群！　しかし味付けも薄く炒め具合も緩いので意外とサクッと食べられる。**炒飯食ってるぞ！**とテンションが上がり元気が出てくる。

具はシンプルに青ネギ・タマネギ・玉子・チャーシューくらい。タマネギのサックリ感が心地いい。だが比率的には完全に米が勝ってるので、米を食わすための演出家といったポジション。定番の旨みは強いがさっぱりした中華スープを時折啜りながら、ガッツリ米を堪能できた。

味が薄めなので最後まで飽きずに食べられるのが大きい。反面炒め物はしっかり濃い味付けで、なるほどこれならチャーハンのおかずにできるか。いや、高カロリーすぎか。まさに、庶民の商店の街・大山と街道沿い文化がタッグを組んだような中華屋だ。

店の歴史が凝縮された一皿

川越街道を埼玉方面へ進むと石神井川を越えた先で再び環七にぶつかる。石神井川手前の路地を入ったところに、夜ともなるとかなり暗く、地元民しか通らないだろうなという住宅地のひっそりとした路地に、突如、**半円形の赤い暖簾**が掛かる店**博龍**《はくりゅう》

の、鈍い明かりがポツンとそこだけ灯っている。この型の暖簾を残す店は稀少となっているし、もう入らずにいられない。

扉が重く、開けるのに四苦八苦していると店のご主人が開けて店内へと誘ってくれた。中は永い歳月を経ないと出ない風合いの、蛍光灯に浮かび上がる焦げ茶色の空間。奥行きのないカウンター数席に、テーブル席が1卓のみ。店の感じにしてはお若くみえるご主人とご夫人のお二人が温かく迎えてくれた。テーブルにいたご夫人が**お冷やと一緒にスポーツ新聞**をスッと差し出してくれるのが憎い。

思わず溢れる笑みを抑える間もなくご夫人が運んできてくれたチャーハン650円は、大盛りでないのにしっかりした量で嬉しくなる。後で持ってきてくれた付け合わせのスープもさることながら、かなりの時間浸かったであろう瑞々しい漬物も嬉しい。

肝心のチャーハン650円だがこれが見るだに具だくさん。玉子・青ネギが目立つが、なんといっても目を引くのがナルト。粒は大きくないが、結構な量のピンクと白のマーブルが覗いている。レンゲでほぐすと、湯気とともにホロホロと崩れる。うっすらつく適度な焦げ目は、**絶妙な炒め具合**の証拠。噛むと、これがもうホクホクという言葉以外みつからないほどのホックリ加減。米に水気を湛えつつ、炒まることで余

店の存在感と味がマッチ

計な水分が飛び、油も必要最低限でオイリーさはなく、**炊きたてのご飯のホカホカ加減**をそのまま保ったような出来栄えにレンゲを持つ手が震えた。

味付け自体は濃くなく、ややコショウ強めでピリッとしていて味自体の印象は特に残らないが、米の優しい食感と、ナルトの少し焦げた香ばしさとムニュとした食感というダブルの食感に、多めながら主張しすぎない具材が絶妙に絡まり、全体にまとまった**大人しくもメリハリある味わい**が広がる。

店の見た目、その存在感が味とここまでマッチしてるのも珍しい。この一皿に店の歴史が凝縮されているかのようだ。と、食後の余韻に浸っていると、ご夫人がトドメにアイスコーヒーを出してくれた。こういうのがミゾオチにハマるというか、有り難くて泣きそうになってしまう。会計を済ませると、ご夫人が扉を開けて最後まで見送ってくれた。腰が低く、ご主人も朗らかで、チャーハンと同じく気持ちもホクホクしてくるのだった。

ギトギト背脂ラーメンの本場

店を辞し、川越街道とは逆方向に歩を進めると、東上線中板橋駅近くの通りにぶつかる。ここは旧川越街道で、通り沿いに西へ進むと石神井川に出る。この川に架かる橋は**下頭橋**《げとうばし》といって、実は**ラーメン好きには知られた橋**なのだ。橋の名が知られるってナンノコッチャ?と思うでしょ。

東京のラーメンといえば、鶏ガラのあっさり醬油スープにシナチクやナルトの乗ったシンプルなものを思い浮かべる方が多いだろう。こうした、いわゆる昔ながらの中華そばこそラーメンであると信じて疑わない、団塊世代前後の保守派の方々にとっては、九州ラーメンに代表されると思われがちなギトギトの豚骨スープは眉をひそめる存在でしかないのかもしれない。

東京ラーメンのルーツとされる**来々軒**の創業は1910(明治43)年。いわゆるラーメン専門店ではなく中華店で、これは我々のイメージする中華そばに近いようだが、大戦中の1943（昭和18）年に一度店を閉めている。

本格的に人々がラーメンを口にするようになるのは戦後で、食糧事情の悪い中、日本そばより脂肪分が高くハイカロリーな、表面のラードがギラギラした油っこさを売りにした中華そばが求められたという。豚骨醤油ラーメン発祥とされる**ホープ軒**の創業は1934（昭和9）年と戦前だが、戦後屋台を今でいうフランチャイズ展開し、東京中にホープ軒を掲げる屋台が席巻する。その後、吉祥寺でホープ軒本舗を構え、貸し屋台から千駄ヶ谷のホープ軒などが誕生し、豚骨醤油のコッテリスープのラーメンが親しまれるようになる。

つまり東京でラーメンが多く親しまれるようになった味というのは、ラーメンのみを扱う専門店に関しては豚骨が強いコッテリしたタイプのラーメンで、あっさり醤油というのは中華料理店で出されるラーメンが主流なので、メディアで取り上げられるラーメン専門店がコッテリだったとしても、邪道でも何でもないのだ。

この貸し屋台を受けて独立した一つに、**土佐っ子**がある。その土佐っ子が**屋台を出していた**場所の一つがこの下頭橋と言われている。土佐っ子はその後環七沿いに店舗を構える。それが、この下頭橋から西へ行ったスグの場所、環七とぶつかり北へ、東上線のアンダーパスを過ぎたガソリンスタンドの先で１９９８（平成10）年まで営業していた。

先に述べたように、モータリゼーションの到来とともに幹線道路が整備され、若く働き盛りの職業ドライバーが深夜にも路駐して立ち寄れる飲食店の需要が生まれた。そこに環七沿い貸し屋台から独立した土佐っ子のような店が次々出来、さらにホープ軒の真似をした豚骨醤油ラーメンの、今で言うインスパイア店や、九州の豚骨勢も加わり、１９８０〜90年代にかけ、いわゆる**環七ラーメン戦争**が勃発した。

その中で、土佐っ子が多くの豚骨醤油ラーメン店を押しのけてトップクラスの人気を博したのは、太めの麺に大量の背脂というスタイルは千駄ヶ谷ホープ軒からくる流れを汲むものながら、いわゆる**背脂チャッチャ**と呼ばれる、丼にザルを通して大量の背脂をチャッチャチャッチャと振りかけるパフォーマンスによるところが大きい。これまでの大量のスープに麺が泳ぐのを啜るというラーメンのスタイルに反する、油まみれの**ジャンクでワイルドな一杯**に若い男性客が群がったのだ。

また行列の捌き方も独特で、お金を払うとオシボリと割り箸を渡されるのだが、割り箸の一部が赤く塗られたものとそうでないものの２種類が存在する。横に長いカウンターに客が着けるのは十数人。その食べてる客の列の後ろに1列、そのまた後ろに1列と並ぶのだが、1列目が赤い箸・2列目が無印の箸といった具合に整理される。一斉に十数人分できるので、食べるのが遅いと次の列の順番にならないので、後方の客からのプレッシャーが重くのしかかる**恐怖のシステム**だった。

メディアでもよく取り上げられた光景は、見る人によっては、まるで旧共産圏の配給か、囚人の風呂のように映るらしく、食事で強制されたくないと嫌悪感を示す向きもあるようだが、行き交う車をバックに、騒音をBGMにして、都会の片隅で背中を丸めながら明らかに体に悪そうな一杯に顔を突っ込みながら立ち食うなんて、中島みゆきの歌詞の世界のような、**背徳の美の極み**と取れないだろうか。

土佐っ子その後

その後の土佐っ子は盛者必衰の理をあらわしたのか、経営者が交代したり、色々ゴタゴタがあった。閉店後も商標権を持っている人がいて、土佐っ子で働いていた人が当時の味で店を出すにしても土佐っ子が名乗れないなど、色々曰くを持ったまま今日に至っている。土佐っ子のDNAを受け継ぐ出身店はいくつか営業を続けており、板橋区内でも未だ味わえるというのは、土佐っ子の地力が板橋にあるのか、単に郊外に続く幹線道路が区内に多いだけかは、想像に任せよう。

以前那須にあった土佐っ子の支店を任されていた平山氏をメインにしたメンバーが板橋本町駅近くの環七沿いで**平太周《ひらたいしゅう》**を出した。そこで特製という、背脂をスープを入れる前と完成した丼という2段に振りかけるスタイルを確立した。背脂チャッチャというと丼の上に雨あられと降ったものが乗っているイメージがあるが、実際は丼の中に落としこむケースがほとんどで、平山氏の特製はまさに背脂チャッチャのイメージを体現させたものといえるだろう。

その後店名を**韃靼《だったん》ラーメン一秀**に変え、北池袋に移転（2018年3月に閉店）。板橋区内では土佐っ子の後期に副店長を任されていた方が、土佐っ子閉店後暫くは練馬で営業していたが、再び板橋に戻り、東上線下赤塚駅前で**じょっぱりラーメン**を開店させた。

深夜まで営業しており、外観も**飲み屋然とした佇まい**。実

背脂の海に溺れるかのよう！

際、アルコール類や一品料理も充実し、小上がりが主体の店内ながら、土佐っ子の味を継ぐ旨の掲示もある。

ラーメン正油700円をオーダーすると、これが見事に脂の海！　まるで背脂の海に溺れるかのよう。ラーメンは常々M（マゾ）な食べ物だと思ってきたが、まさしく**ドMラーメンの極北**といえるだろう。

まず表面の背脂を舐めてみれば、その上質な脂の官能的な甘さだけでももう腰砕けになってしまいそうだ。奥からタレを引き出してみると、おおっ、いい感じの濃ゆ〜いタレがでてきた。背脂の甘みとタレのニガしょっぱさがまさに土佐っ子！　麺は硬め指定とあって、ボキボキ気味で背脂との相性は抜群。土佐っ子と同じ**つるや製麺**からの特注麺だ。チャーシューも柔らかくも味がよくしみて食べ応え抜群。

ご主人は土地柄、深夜に居酒屋営業もしていかないと続けられないとこぼすが、ラーメンへの情熱は専門店と変わらない。夜も深まれば、近隣のスナックや飲み屋から流れ着いた常連の酔客と店主との丁々発止のやり取りが繰り広げられる。

ディープながらステキな日常が繰り返す中でも、常に研究は怠らない。つけ麺のつけ汁は生姜焼きにヒントを得て生姜を入れており、これが濃いめのタレとコッテリした大量の背脂をさっぱりと美味しく食べさせてくれる、まさに発明級の逸品。塩ラーメンもこちらのベースのスープをより堪能できる背脂とのバランスにしていたりと、細かな仕事が冴え渡っている。

浅い時間にラーメンをじっくり味わうもよし、深い時間の混沌の中で味わうのもオツな、リアル二刀流の楽しみ方が赤塚の夜に待っている。

土佐っ子の跡地には一時、**下頭橋ラーメン**という店がほぼ居抜き状態でオープンした。が、程なくして創業地を去り、常盤《ときわ》台の住宅街の一角で再開する。店名の由来は先に触れた土佐っ子の屋台のあった地名から取られた。

創業地での営業時代の評判は芳しいものではなかったが、移転を機にテコ入れしたようで、現在は往年のファン含め背脂好きの人気を博している。証拠に、表に掲げられた看板には「せあぶらコッテリはココ」と書かれている。

750円のラーメン自体も背脂のかけられっぷりといい見た目は相当に土佐っ子している。一口啜ると、艶やかな背脂の甘みに思わず笑みがこぼれる。エイッと底から

下頭橋ラーメン

タレと麺を引き出しグチャグチャに攪拌《かくはん》すると気分はタイムスリップ。なんともいえない妙な焦げ臭のような独特の香ばしい味わいが広がる。チャーシューは土佐っ子では醤油ダレが染み込んだしょっぱ目のタイプだったが、やや身厚で柔らかくトロトロなものになっている。

普段はラーメンにコショウなどかけないのだが、ここでは卓上のコショウとニンニクをホンの少し入れるとグッと味がしまって最後の一滴を完食する。基本に忠実な**進化系土佐っ子の味**と言えるだろう。

新旧取り混ぜた板橋スタイル

板橋区内はその後、ラーメンを見ても魚介スープが流行れば、それを取り入れつつも、地に足をつけて実直に自家製麺など手作りの味で勝負する個人店が地域に定着したりして、そりゃ各店それぞれの事情で閉店する店もあるが、テナントに取っ替え引っ替え流行り系のラーメン屋が出来ては消えるような状況はあまり見られない。

ラーメン以外でも全国区で人気の**本場エスニック**や**四川料理の店**など、その時々の時流が感じられつつ、地元に根ざした商売をしている店が多く見られる。それらが住宅街や工業地域の最寄り駅、高度経済成長期に住まいを求める大勢の受け皿として開発された**高島平《たかしまだいら》団地の1階テナント**、はたまた昨今全国的にはシャッター通り化が叫ばれて久しい商店街の中に入っては、定着している印象がある。と同時にまだまだ古参の町中華も大衆食堂も酒場も、減ったとはいえどっこい現在進行形で営業中だ。新旧取り混ぜた中で、どれも今現在の各店なりの営業スタイルで僕たちを迎え入れてくれる。

都営三田線の終点は西高島平駅だが、高島平団地とは反対方面に降りると、**板橋市場と物流倉庫群**が広がっている。その先は土手になっていて、上がると**荒川**が滔々と流れている。**川の向こうは埼玉県**、戸田の巨大工場が見える。来た道を振り返れば、工場群に団地、首都高、幹線道路の跨川橋《こせんきょう》が際立って存在感を放っているが、その下には数多《あまた》の商店が存在し、日常の生活風景の一部となっている。そんな光景を東京の最果て、背高泡立草《せいたかあわだちそう》生い茂る広漠とした土手から眺めては、東京の今のリアルを想うのだった。

コラム1

板橋といえば団地というイメージがつくほど、区を象徴する存在だ。都営三田線の西台駅から終点の西高島平駅にかけて、4駅区間ずーっと団地と並走するほど、万里の長城状態といっては大げさだが、団地群が城壁のごとく続いている。**高島平団地**が一番有名だが、ほかにも西台団地や蓮根《はすね》団地がほぼ連続するように続いている。

高島平団地への入居が始まったのが1972（昭和47）年で、公団住宅が建ち始めた1950年代半ばからは20年近くが経ち、ウルトラセブンなどで目にした高くても5階くらいまでの団地に比べると、10階クラスが建ち並ぶ高層マンション群は異様な高さと圧迫感を感じるものだ。それが何十棟と連なるのだから、恐ろしいったらない。子供時分に近くを通って見上げた時の恐怖感は未だ脳裏に焼き付いている。

城壁のような高島平団地

先端的な新たなライフスタイルを提供するとともに、こうした恐怖心を与える構造物としても多くの人の目に映ったのだろう。高島平団地といえば自殺のイメージがつくほど、投身自殺が相次いだ。今でも階段の踊り場などには鉄柵が設けられていて、実に物々しい空気が流れている。でもこの殺伐感は、同じデザインが連続する高層団地だからこそ生まれるものであって、同時に**近未来的**でワクワク感も伴った。

高島平団地の建った昭和後期から末期にかけては、まだスーパーマーケットが出てくるかこないかくらいの時期で、買い物は従来の商店街型の個人商店が主で、あっても個人店が集合したマーケットくらいなものだった。団地の1階には八百屋や肉屋といった店が入っていて、実質駅前の商店街が足元にあるような状態だった。

それまでの暮らしから考えれば団地内で完結するので便利この上ないが、スーパーが台頭すると、団地商店街からも幾つかの店舗がいっぺんになくなり大型スーパーが入ったり、平成が近づくと商店街がシャッター通りになったように、団地商店街も店を閉じるテナントが目立つようになる。

そんな中でも高島平団地にはしぶとく商売を続けてくれている店が結構あって嬉しくなる。こういうところに肉屋のメンチやコロッケなどの惣菜屋があると本当に助かるのだが、中央商店街の**ちばや食品ストア**は注文ごとにその場で揚げてくれる有り難いシステム。小アジの唐揚げや自家製プリンなんてのもあり、蒸したカボチャにマヨ

中央商店街の惣菜店ちばや

ネーズを和えたサラダに個人的にハマっている。

ほかにも、町中華の**栄来**、純喫茶の**イヴ**などがあり、ここにくれば昭和の時代に慣れ親しんだ味とサービスに出会える。

団地とともに板橋で外せないのが**工場街**。区の北端を流れる荒川と、そのスグ南側に流れる細い新河岸川《しんがし》に挟まれた中洲のようなエリアがあるのだが、ここにクロネコヤマトや佐川急便などの物流センターや、日本金属に新日鉄の工場などが密集している。ここでは呑気に散歩したり自転車を蛇行しているオッサンの影はほとんどなく、トラックが昼夜問わず行き来するばかりとなっている。

こういうところにも飲食店はあるもので、浮間舟渡《うきまふなど》駅近くに**まつや食堂**という大衆食堂を発見した。御食事処と書かれた暖簾と、何が陳列されているかサッパリわからないショーケースにグッと惹かれた。絶対デキるオーラがビンビンだ。中は横長のテーブルが並んでいて、テキトーなところに腰を掛けるザ・大衆食堂スタイル。メニューは半チャンラーメンといった中華系が多く、ほかに日替わりの焼き魚などの定食も

デキるオーラのまつや食堂

充実している。アルコールもあって、オカズをツマミにもデキる。ご主人によると、やはり近隣の工場勤務や配送で来る客が多く、夜勤明けで飲んで帰る人もいて、朝8時から営業しているとのこと。それでも以前よりは工場関係者は減ったというが、肉厚のハムステーキなんて、ハムエッグのワンランク上を行くような定食が味わえるのだから、こういう場所には是非とも残っていて欲しい店だ。

ドライバー向けでいえば、かつては環七沿いのラーメン屋がそうであったように、今では立ちそば屋がドライバーをメインターゲットに環八《かんぱち》や中山道沿いに店を構える姿を結構目にする。立ちそばというと駅構内や駅前のフランチャイズ系がほとんどに見えるが、板橋では個人店やローカルに数店舗展開するのみの系列店がロードサイドに展開している実に珍しい状況になっている。

中でも本蓮沼駅から中山道を北上したところにある**そばひろ**は、この場所で30年以上、夜のみの営業で続けている。イマドキ珍しい椅子のない正真正銘の立ち食い店で、

夜のみ営業の立ち食いそば屋

吹きさらしの中、背中に夜の冷気と行き交う車の喧騒を感じながら、天ぷらそばを啜っていると、なんだか都会の片隅での孤独を感じると同時に、それがえも言われぬ快楽でもあって、幹線道路沿いの店というのは、環七ラーメン戦争の頃からいつでも、東京の独り身にそっと寄り添ってくれる味方なんだなと思うのだった。

第2章 明治からのレンガを追う

銀座・日本橋・神田、路地裏の穴場老舗が見えてくる

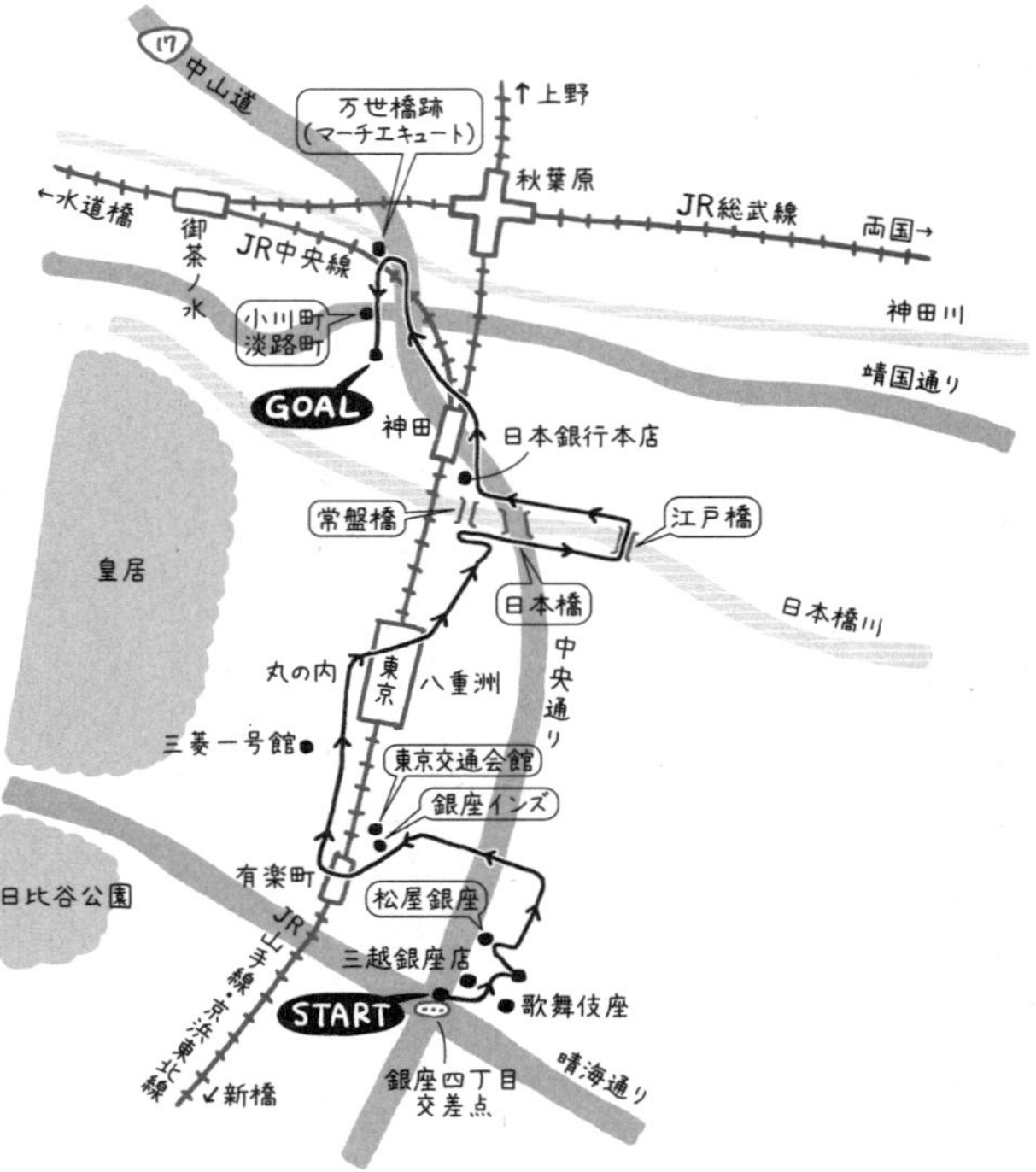
17
中山道
↑上野
万世橋跡
（マーチエキュート）
←水道橋
御茶ノ水
秋葉原
JR総武線
両国→
JR中央線
小川町
淡路町
神田川
靖国通り
GOAL
神田
日本銀行本店
常盤橋
江戸橋
日本橋
日本橋川
皇居
丸の内
東京
八重洲
中央通り
三菱一号館
東京交通会館
銀座インズ
有楽町
日比谷公園
松屋銀座
JR山手線・京浜東北線
三越銀座店
START
歌舞伎座
銀座四丁目
交差点
晴海通り
↙新橋

老舗デパート屋上でコッペパン

さて明治から現代へ、帝都から東京への時代を辿りつつ、いわゆる観光名所ではない、その裏側の人目につかないスポットを徘徊していこう。となれば、東京の中心地、会社勤めや買い物客で賑わう**新橋・銀座**から始めるのが打ってつけだろう。東京で一番高い地価がつく場所でも、高級とは対極にあるような風景が待ち構えている。

明治維新の経緯については、まぁおエライ先生方の研究に詳細は委ねるとして、庶民が目に見える形で変化を感じた点と言えば、町並みだったのではないだろうか。文明開化により西洋の文化が流入し、日本の建築に西洋の様式が多く取り入れられるようになった。といっても、これまでの木造長屋が一気にガラリと変わったわけではなく、官庁やランドマークになるような大きな建物から徐々に洋式になっていく。前章でも板橋の仲宿《なかじゅく》が火事によりレンガ建築が増えていったように、それに先んじて、1872（明治5）年の銀座大火後の復興計画として、東海道である銀座通りを中心とした**銀座レンガ街計画**が持ち上がった。

毎年、東京で一番地価の高い場所として取り上げられる**鳩居堂**《きゅうきょどう》は**銀座四丁目交差**

点脇にあるが、この地下通路の柱にレンガが巻かれていて、レンガ街のあった記憶を留めている。これはまぁ観光地的な後付けなので、ここから東京メトロ銀座線のA12・13出口に行ったところに注目したい。**デパート松屋銀座**の入口に至る数段上がった階段脇に小窓が設けられており、中が覗けるようになっている。

中にはたくさんのケーブルが延びているが、ガス・水道・下水道の本管のほか、警視庁の信号ケーブルや電力と電話線のケーブルも収容されている。松屋による案内板によると、1968（昭和43）年に施行されたもので、銀座のデパート・ビル・商店のライフラインが2kmにわたって収容され、道路工事をせずともパリと同じようなスッキリとした町並みを実現したとある。西洋をモチーフに計画された**銀座通りの地下**には脈々と、明治以後の精神が息づいていた。

松屋には今では少なくなった**デパート屋上**がある。実は**歌舞伎座の裏**に、1927（昭和2）年創業の、**コロッケパンの元祖**と言われる元肉屋が営むコッペパンや食パンのサンドイッチの持ち帰り専門店**チョウシ屋**があり、そこでサンドを調達していたのだ。

以前は遊園地があったという屋上に着くと、小さいながらパラソルが並ぶデッキスペースが設けられていた。自販機も結構あって、近隣のＯＬだろう女性が弁当を食べたりスマホをいじったりと各々自分の時間を楽しんでいる。屋根のある席が空いてたので場所を取り、自販機で缶コーヒーを買って、さてサンドをいただくとしよう。なんだか**銀座なのにピクニック気分**。

まずはコロッケコッペパン２８０円。水色の包み紙がレトロで可愛らしい。キレイに畳んであるので丁寧に広げて出すと、コロッケは１コで半分に切られ二手に分かれている。コロッケのサイズとのバランスを考えると、パン自体が個人的にはもうちょっと水っぽい方が好みだが、もう一つのハムカツ食パン２８０円の方は、パンとカツと厚みが同じくらいなのでバランスがいい。ソースの染みたパンに衣の油感が加わる味はやっぱイイわ〜。

オーソドックスでクラシカルな味わいにホックリして屋上から降りる。銀座通りから裏通りへ進むと、ビルの間に挟ま

松屋の屋上でピクニック気分

れてペチャンコになったようなラーメン屋**共楽**《きょうらく》がひっそりと佇んでいる（２０１６年３月〜休業中。同じ場所で近々再開予定とか）。黄色い看板や中華そばと書かれた暖簾も可愛らしい。

店内はカウンターが延び、隠し部屋のようなスペースにテーブル席が少々。老舗と聞くが古びた様子はなくキチンと手入れされており、壁紙も真新しい印象を受けた。シンプルすぎる内装ながら、ピカピカに磨き上げられた厨房のステンレスが眩しく、店内は一朝一夕にはいかない空気が感じられる。

ご主人が黙々と調理する傍らで、フロア担当の女将さんが、「いらっしゃいませ〜」「どうぞ〜」と店の前を通る人に声かけしている。これが押し付けがましくなく、無音の店内で心地よいＢＧＭになっている。

中華そば７００円は見た目、典型的なさっぱり醤油ラーメンに思うが、レンゲで表面を覆うラードを破ってスープを掬おうとして驚いた。アッサリと呼ぶのがはばかられる程、**ブワッと乾物魚介の風味**が鼻に突き刺さる。しかし飲んでみるとエグくなる一歩前くらいで留まっている、このバランス感覚がニクい。

乾物魚介の風味が鼻に突き刺さる

そこにラードがかなりブ厚い層をなしているから、相当にパンチが効いているのだ。麺はやや太めの、丸っこいもの。ポックリと小気味いい食感が、スープの勢いに負けず、かつしっかりと味がしみるつくりになっている。チャーシューは薄めながらも赤身のしっかりとした旨みが感じられるもので、メンマも味付けがほとんどなくスープを邪魔していない。

醬油ダレが甘ったるくなく、キリッとしていつつも適度なタマリ具合とネギのシャキッとした甘辛さとでグイグイ食わせ、無心に完食してしまった。典型的な醬油ラーメンの体でここまで満足感と素材感が感じられるとは。

銀座、まだまだ穴場があります

口中に心地よい魚介の余韻を感じつつ、**銀座一丁目**方面へと北上する。この辺りは古いビルが多いのだが、中でも**奥野ビル**は**銀座最古のビル**で1932（昭和7）年築。やや南国趣味も感じさせる外観で、敢えて傷をつけた模様のスクラッチタイルで覆われたモダンな佇まい。ここには現役で**最古のエレベーター**が稼働している。昇降機能

ジャバラ式の手動エレベーター！

自体は自動ながら、ジャバラの扉はなんと手動。テナントの多くはギャラリーなので鑑賞がてら内部の様子を味わうことが出来る実に貴重な物件だ。

さて銀座一丁目もどん詰まり。高速の高架下で銭湯の幟がはためいている。銀座には意外にも銭湯が幾つか現存しており、こちらはそのものズバリ**銀座湯**という。

いわゆるビル銭湯で、１階の入口こそ暖簾もかかり札式の下足箱がズラリと並ぶが、番台は階段脇の小さなスペースにヒョッコリと設えてあり、狭小スペースを上手に使っている。２階が浴場で真新しい真っ白な壁紙が眩しい。全体に狭めながらも明るく開放感があり、浴室も銀座四丁目交差点を描いた**モザイク画**が鮮やか。浴槽は若干湯温と大きさの異なる２つのみで、湯も両方ともラベンダー色をしている。これという特徴はないが、東京の銭湯としては熱すぎず42℃程度と丁度いい。

第２と第４の金曜は、中央区在住や在勤者には入湯料が１００円となる。たまたまこの日に当たり混んでいたが、久々に活気ある銭湯に入れて身も心も温まったのであった。

口中直撃！　喫茶店的スパゲティ

高速に沿って有楽町駅方面へ進むと、**銀座インズ**というガード下を利用した商業施設が横長に続いている。マクドナルド等どこでも見かける店舗が入っているにもかかわらず、どこか垢抜けないというか、近くの**交通会館**同様、**昭和の有楽町ビル地下商店街的**雰囲気を残している。

マックの先を折れると「トイレこの先」と書かれた案内板が。トイレに向かう路地の壁に埋め込まれるかのように、スパゲティの**ジャポネ**は存在する。かつてオフィスビルの地階には、スタンド形式のカレーショップやそば屋が所狭しと軒を連ねているのが常だったが、今では新橋くらいしか見かけなくなった。

いつもランチのピークタイムを外してくるのだが、それでも10人程度の待ち列ができている。しかし、こういうタイプの店は一人客がほとんどで流れが速い。しばしの待ち時間に、カウンター上部のメニューを見て注文を決める。
そうこうしてる間に自分の番が来る。コーヒースタンドを思わせる厨房は、**喫茶店的スパゲティ**の登場を予感させる。厨房では中華鍋のようなフライパンで次から次へと威勢よくスパを炒めている。普通のレギュラーサイズでも十分大盛りなのだが、周りからはジャンボや横綱といったデカ盛りサイズの注文が飛び交う。

さて自分のジャリコ（レギュラー）６００円が登場。ジャリコとは、ジャポネ（肉・椎茸・オニオン・ノリ・ほうれん草）のノリを抜いて、バジリコ（エビ・肉・シソ・トマト・シイタケ・オニオン・ほうれん草）のエビ・シソ・トマトを追加した人気メニュー。

ジャポネの「ジャリコ」

味はもうなんというか、細かいことは抜きに直感的な旨さがズバーン!と口中を直撃する感じ。**男子中枢をドストライク**で突いてくる。醤油と塩加減とフライパンで焦げた味のバランスがもう素敵。学校給食のスパゲティの延長線上にあるような味ではあるが、ソフト麺チックなパスタもフニャらず不思議としっかりしており、ジャンキーながら手作り感で溢れている。さらに炒めたてをハフハフしながら頰張るもんだから、パスタというより焼きそばに近いものがあるかもしれない。

銀座でありながらこの値段、客層、そして店の存在感。ザギンがどうも合わない、飯を食うにも休憩するにも腰が落ち着かないというお父さんにとっては天国ではないだろうか。

立ち食いそば屋での、そば以外の思い出

銀座インズから、地下は大衆食堂のワンダーランド、屋上は展望レストランという素敵な交通会館を抜けるとそこはJR有楽町駅。ここから新橋駅にかけての高架、京浜東北線や山手線が走る下は**レンガ造りのアーチ橋**になっている。1907（明治40）年に完成し、長さは3㎞にも及ぶ。この高架下には飲食店等のテナントが入っているが、昨今老朽化に伴い耐震強度不足から立ち退きが目立つようになってきた。

中でも有楽町駅改札を出てスグの**後楽そば**はこの地での営業最終日、別れを惜しむ人で立ち食いそば屋に長蛇の列が出来たとニュースになった（2018年3月、JR五

そば屋なのに名物は焼きそば

反田駅ガード下で再オープン）。**立ち食いそば屋なのに焼きそばが人気**で、ムチッとした麺の独特の焼きそばは、近くのニッポン放送の出演者が持ち帰りを利用するほど。

　見た目はフツーの焼きそばだが、味も至ってフツー。先のジャポネ同様、こういう変化球ではない安心感のある味が世のお父さんにはウケるのだが、これだけならそんなに話題にならないだろう。ここのキモは、立ち食いそばとしては今時珍しくカウンターの上にセットされてる薬味ネギ。これが取り放題で、そばではなく焼きそばに乗せるのだ。ネギと麺をよく混ぜると、甘辛いソースとシャキシャキのネギの苦甘さに、豚肉の脂の甘みが加わって、非常に**ジャンキーな吸引力**のある味に。本来ここんちの焼きそばの持つポテンシャルが、ネギによって一気に引き出される。

　みると、周囲のサラリーマンのほとんどが焼きそばをオーダーし、ネギをこれでもかと乗せている。やっぱ立ちそばにはこういうジャンクさが求められていると痛感させられた。

同じガード下には、少し東京駅寄りに**新角**《しんかど》という立ち食いそば屋があったが、こちらも後を追うように閉店してしまった。

ここのウリはこれまたそばじゃなくて、ラーメン。**昔ながらのアッサリスープのラーメン**なのだが、立ち食いそば屋なので、そばのトッピングをラーメンに乗せることができる。個人的にハマっていた具が、天ぷらとコロッケ。特にコロッケは、そばといっても一般的なそば店ではなく、立ち食い店ならではのトッピングなので、乗せることに抵抗がある人も多いだろうが、さらにラーメンとなると立ち食いそば好きでも二の足を踏むようだ。

ラーメンwith天ぷら・コロッケ

そこを敢えて強行すると幸せが待っている。透明なラーメンスープを覆うコロッケや天ぷらを掻き分けてズズッと啜る。ピリッと濃いめに効いたタレの適度なしょっぱさが、淡くもシッカリと感じられるダシと相まって、素材がどうとか超越して、ここには直感的なウマさしか存在していない。麺は中細ピロピロ麺。このスープと思いっきり馴染んだところを、天ぷらやコロッケの衣と一緒に食べると**えも言われぬトリッ**

プ感が味わえる。コロッケは中身はミックスベジタブルっぽいけど、そうじゃないとコレには合わない気がする。天ぷらも揚げ置きだけど、衣がスープを吸うのを前提に出来てるんじゃないかってくらいカチカチなのが似合う。ワカメが多いのも立ちそばっぽくてイイ。

揚げ物が多いので見た感じよりも満腹になれる。立ちそば屋にあるものはなんでも入れちゃえ的な、カオスが織りなす正体不明の味わいがタマラナイ。関連店が京成線の高砂《たかさご》にあるので、食べたくなったら行くことができる。

高架下アンダーグラウンド

東京駅側の高架下は暗い通路に名店がひしめく知る人ぞ知る穴場スポットで、未だ**戦後闇市的**アンダーグラウンドな雰囲気を残してる。この中に、戦後しばらくから続いている**ミルクワンタン**の店がある。

鳥藤《とりふじ》は創業60年以上。実は自分の父親も来たことがあると

60年以上の歴史を持つ鳥藤

幼い頃に聞かされていた。なんでも変わったもんを食わす店があると友人と連れ立って行ったのだが、あまりにオイリーでクセのある味に完食できないでいると、店のオヤジから「オマエら、どこの誰に聞いてきたー!!」とドヤされたそうだ。そのイメージがあって、なおかつ薄暗いガード下とあって、どうにも二の足を踏んでいた。とはいえ、父親も若かりし頃のいい思い出なのだろう、怒られて満更でもない様子だったので、ものは試しと行ってみることに。

入るとカウンターメインの狭い店内に常連しかいないような空間だが、くだんのご主人は年配の柔和そうな方で、一見《いちげん》の自分も優しく迎えてくれた。わずかばかりのテーブルが空いていたのでそこに着き、店内の様子を窺っていると、ご主人は高圧的どころか、常連にイジられるようなキャラクターで、なんだか拍子抜けしてしまった。

現在は夜のみの営業で、席に着いて飲み物を選択すると、後は次から次へと**勝手に料理が運ばれ**、〆にミルクワンタンが出されるというシステムになっている。これで大体3千円くらい。自分が初めて伺った頃はまだ昼営業もしており、ミルクワンタンにサイドメニューのもつ煮込みかチャーハンを付けるセットを提供していた。独特の符牒《ふちょう》があって、半チャーハンを付ける場合はミニ、さらに半もつ煮も付ける場合はミニミニと呼び、ほとんどの客がミニミニを頼んでいた。

チャーハンは醤油が効いているが優しい味で、もつ煮もよく煮込まれた家庭的な一品。で、肝心のミルクワンタンだが、これが全くクセがなく、さらっとしたホワイトソースのシチューにワンタンが入ってるような代物で、引っかかる味がなくスイスイ飲めてしまう。昔と味が変わったのか、それとも父親が店のイメージで変な味に思い込んでいたのか分からないが、あまりに想像と違う美味しさに拍子抜けしてしまった。

さらに、付け合わせに必ずついてくる透明な鶏スープがじんわりとダシのよく出た一杯で、異様に気に入ってしまった。以前、**人形町の玉ひで**で親子丼を食べた時、最初に出てくる鶏スープの方がヒットで、肝心の親子丼の印象が霞んだことがあったが、自分はこうしたチョットしたところに弱いのかもしれない。

東京駅、由緒正しき駅地下カレー

暗い路地を抜けるとその先は**東京駅**。丸の内側に出ると、歴史を感じさせる焦げ茶色のレンガと御影石で構成された重厚な東京の玄関口が皇居の方を向いてそびえ立つている。最近では2007（平成19）年〜2012（平成24）年10月に、東京大空襲で焼け落ちた丸の内駅舎3階のドーム部分を1914（大正3）年開業当時の姿に復元したことでも話題になった。開業百周年記念Ｓｕｉｃａを求め長蛇の列が出来て騒ぎになったが、今にして思えばあの騒ぎはなんだったのだろうか。

でもニュースになるくらい東京駅というのは、東京はおろか日本を代表する鉄道駅で、建築的にも至る所に趣向が凝らされ見どころ満載。乗り入れる路線も日本一で、複雑なダイヤに入線する各路線を見るだけでも見ごたえがある。さらに新幹線が停車して再出発するまでの短時間に行われる清掃の見事さは舞台にもなるほどだし、土産物屋の数にしたって尋常じゃない。

長い一日の営業の間に、色んな所で細胞が蠢いて**一つの有機体**になっているような東京駅、その魅力を伝えようと思ったらとても一冊の本じゃ足りない程なので、詳細はほかの本に譲るとしよう。

八重洲口《やえす》に目を転じると、地下に広がる商店群は実に魅力的で素通りしろというのがムリ。最近では大丸のリニューアルに伴い、いわゆるデパ地下の最新スイーツなどに目を奪われがちだが、八重洲地下街は1965（昭和40）年より開業と歴史が古く、昭和から変わらぬ営業形態を続ける地下飲食店街の姿を一部に残している。こういうところにスタンドカレーが元気に営業したりしていると嬉しくなる。

カレーショップアルプスの店頭にはカツやコロッケなどトッピングの写真パネルが並ぶ。これぞ**由緒正しき駅地下カレー**。店内は、スツールが3席付いた大きな島状のテーブルが2つあるだけ（2016年5月にリニューアルしたようだが）。カウンターにはチケットを出して受け取る口と返却口がある**学食スタイル**。

食券を預けるとすぐ、メンチカツカレー500円が出来たと声がかかる。器自体がそんなに大きくないとはいえ、大きめのメンチがしっかり1つ乗っかっている。赤茶けてトロみのありそうなカレーといい、お盆に乗っかってるとホント学食というフェイス。カレー自体は正しく家庭的な小麦粉のトロトロカレー。最初は辛みもほとんど感じないのだが、食べ進むと結構ピリッとした辛さが感じられてくる。よく見るとツブツブ状のものがソースの中に散見できるので、具がいろいろ煮込まれて入っている様子。

アルプスのカレーは学食スタイル

単なる安価なカレーに堕さず、**値段相応、いやそれ以上**のカレーソースに、なんだか嬉しくなってきた。米も柔らかめながらベチャついてないのも好みだ。

そしてなんといってもメンチカツ。粗めのパン粉がきつね色にカラッとフライヤーで揚がっていて、ガリッとした軽い中にもしっかりとした衣の食感と香ばしさが生きている。中もタマネギの甘みが濃く残っており、目の細かいミンチの肉のややネチッとした舌触りが優しく、肉食ってる感を与えてくれる。またこの揚げはカレーソースでビチャビチャになりにくく、最後までサクサク感を残して完食することができた。

そうそう、食べてる間、隣にJRの女性職員が来られた。店の方との喋り口調からすると常連のようで、こちらの味が好きなのだろう。事故が今のところ起きてないなんて話をされていたが、本当にご苦労さんです。

どうして駅地下の店って一人客ばかりなのにこう**体温が感じられる**のだろう。無言の同族意識みたいなのが底に通じている気がしてならない。

レンガはどこから来た？

地下街から地上に出て少し歩けばもう**日本橋**。東海道、中山道、日光街道、奥州街道、甲州街道という五街道の起点であり、築地の前に魚河岸のあった場所。橋のド真ん中には、１９１１（明治44）年に現在の日本橋が架けられた時に**日本国道路元標**が埋め込まれたことからも、**すべての道は日本橋に通ずる**といっても過言ではない。道路の上り下りという表記もこの日本橋が起点となっている。

日本橋と日本国道路元標

自分が学生時代、この日本国道路元標が見たくて車の少ない休日に始発で日本橋に来て橋の道路の真ん中まで行った記憶がある（※良い子は真似しないように）。実は橋の袂にレプリカと解説が展示されているので、容易に見ることができる。

こんなにシンボリックに東京の中心地として存在している橋なのに、日本橋の景観に蓋をする首都高がぶち壊しにしているという人もいる。確かにこの薄暗さと小汚さでは観光の名所とはならないだろう。小泉首相時代、その任期終了直前に日本橋の首都高をどかす計画を打ち立てた。東京の中心を今一度復権すべき対策は現実的に難しいものの、一国の首相とは思えぬ着想に感心したものだった。

しかし改めて首都高の架かる景観を眺めると、川面の揺らめく光が首都高に反射して結構幻想的な光景を映し出している。これはこれで美しいと思うのだけど。

日本橋の架かる川はその名もズバリ日本橋川といって、この川をもう少し皇居側へと行ったところに、**常盤《ときわ》橋**という文明開化期に造られた唯一現存する石橋がある。

以前の橋は鳩フンまみれで、袂にある公園はホームレスの寝床と化していた。すぐ隣が日銀で反対が大手町のオフィス街という凄い立地なのに。これぞ都心のエアポケットというべき場所だった。

しかし東日本大震災で落橋の危険があるとかで常盤橋は修理工事が施された。川岸から常盤橋を見ると、公園へ至る袂の部分が石垣のようになっている。これは**江戸城の常磐御門**

現存する石橋、常盤橋

跡で、この石垣の内側に**渋沢栄一**の銅像が立っている。

渋沢は明治期に活躍した大実業家で、日本で初めて銀行（第一国立銀行から第一勧業銀行を経た現みずほ銀行）を作ったオッサン。東京ガスや王子製紙、東急電鉄といった今でも馴染みのある多くの企業の立ち上げに携わったのだが、実はここまで巡ってきた東京駅やJRガード下に用いられていたレンガに渋沢が関わっている。

東京は明治期に防災の観点からイギリスの技術を用いて防災都市にしようということになったと述べたが、そこでレンガを作る会社、**日本煉瓦製造**を渋沢が立ち上げ、故郷の深谷にその工場を建てた。当時の輸送は船が主流だったので、深谷から利根川を経由して江戸川までレンガを運んだという。今では考えられないが、素人からすると、よくレンガ積んで船沈まなかったなとか思ってしまう。これからは、東京駅や「三菱地所を見に行こう」でお馴染みの**三菱一号館**を見た時は、あぁこれが**深谷のレンガ**なんだなと思って頂きたい。

ミルクホール発の喫茶洋食

日本橋界隈といえば、日焼けした肌が黒すぎる三代目茂出木《もでぎ》シェフでお馴染み**たいめいけん**など有名店もあるが、日本橋川に沿って蛎殻町《かきがらちょう》の辺りから鎧橋《よろいばし》を経て江戸橋へ歩いていると、ビルが多い界隈に、一際異彩を放つ戦前と思しき商店建築の洋食屋**桃乳舎**《とうにゅうしゃ》にどうしても寄りたくなってしまう。2階のバルコニー風の重厚な外観もさることながら、今では貴重となった**ミルクホール**を端緒に持つ喫茶洋食の店なのだ。

桃乳舎の見事な商店建築

ショーケースがあるので覗いてみると、洋食を扱っているようで、ポークカツ・ハヤシライス・スパゲティがワンコイン程度で並んでいる。いくらなんでも安すぎやしないかい？

入店するとそこはまさに昔子供目線で見た喫茶店の姿が。テーブル6席程だったか、こぢんまりとして椅子やソファーの焦げ茶やオレンジの色合いがかわいい。ご主人が厨房で、奥様と思しき女性がフロア担当。

頼んだのは悩んだ挙句、ハンバーグライス500円。**軽い銀色の皿**に真っ赤なスパゲティが乗ってますよ、あなた。辛子までついて。で実際食べてみてこれまたビックリ。ハンバーグは肉汁ジュルジュルの肉感粗挽ゴロゴロ系ではなく、ねっちりとした粘り気のある食感のタイプだが、手作り感溢れる味わい。口の中でホクホクしたのを冷ましながら食べるとなんとも幸せな気分に浸れる。

そして付け合わせのスパゲティ。きちんと炒めなおした形跡が見られ、気持ち焦げつぽく炒まった箇所が口中でも感じられる。こちらもしっかり手作りでしっとりしたケチャップの味付け。ご飯も適度な柔らかさで、もう夢中になって完食。**これが嫌いな男子はいるのだろうか**ってくらい、典型的な洋食の味に満足するなというのが無理だろう。これ安いにも程があるよ。

このロケーションでこの味、存在そのものが奇跡に近い。帰りしなに話を伺ってみると、この建物は昭和初期のもの。商売の方はなんと1889（明治22）年創業とは。当初はミルクホールで、戦後に食堂の需要が急激に伸び、食事メインへと変遷したようだ。

かって東京の中心だった万世橋

日本橋から北へ、五街道の一つである**中山道を北上**する。左手に、旧館に深谷のレンガが用いられている日銀を見つつ進むと、**ＪＲ神田駅**にぶつかる。レンガ造りの高架はこの神田駅付近も続いており、中央・総武線に沿ってカーブして御茶ノ水駅へと至る区間は、**経年変化した赤黒い壁**が連なっている。

今はこの高架下部分に飲食店が入っているが、かつては**万世橋駅**《まんせいばし》があった場所で、廃業後は交通博物館として利用された。現在は鉄道博物館として大宮に移動したが、跡地はエキュートというシャレオツなカフェやらインテリアの店が入る施設となった。一部に万世橋跡の遺構が保存・展示されており、かつてホームだった場所に上ることも出来る。ガラスで覆われているが、現在走っている中央線を間近で感じることができる。目の前を電車が通り過ぎていく様は迫力満点。これを見に来るだけでも十分に価値がありますぜ。

1912（明治45）年当時この秋葉原と神田の中間くらいの場所はとても賑わっており、今の東京駅と丸ビルみたいな、いわば東京の中心地だった。この界隈には、あんこう料理専門店の**いせ源**、火事騒ぎもあったそばの**藪**や**神田まつや**、甘味処の**竹むら**と、ほぼ往時のまま営業している店が多い。当時はまだ東京駅も出来ておらず、中央線も万世橋駅が終点だった。帝都を代表する駅として、後に東京駅も設計する**辰野《たつの》金吾《きんご》**がスゲー立派でゴージャスなレンガ造りの駅を作った。レンガと御影石を用いた堅牢な造りが東京駅ソツクリでしょ。

経年変化したレンガ塀

辰野は学生時代に日本近代建築の父ジョサイア・コンドル（鹿鳴館とかこの近くにあるニコライ堂を建てた人）に教育を受け、首席卒業後は当時のご多分に漏れずイギリスに留学してコンドルの師から建築を学んで帰国し、先の日銀とかも設計をした。

東京駅が出来て、中央線が東京駅まで延伸すると、東京駅を東京のシンボル的な位置づけにしようってことで、この万世橋界隈が廃れていった。震災とか大戦とかあって、営業停止したこの万世橋駅を交通博物館として、いわば再利用したってワケ。

戦前・戦後で変わった町への視点

東京駅もそうだが、万世橋駅も今の鉄道の駅からは考えられない豪華さで、柱の上の方にテレビゲームのＲＰＧに出てきそうな王家の紋章みたいなものが彫られてたり、今日的感覚からすると「こんなんいる?」と思うほどの装飾に彩られている。あんなに**ムダにでかくてムダにゴージャスな駅**、国内でほかにない。世が世なら蓮舫に仕分けられてもおかしくない。

これは戦前と戦後で一般市民でさえ建築や町並みに対する考え方・接し方が違うこ

とによる。「見られる」という意識が違うのだ。現在の我々はどちらかというと家の中、生活空間に注力する傾向にある。生活を豊かにするということは、どんな家電を揃えたり生活便利グッズを集めるかという内向きの視線で、自分の家が周りの家並みと比してどう見えるか、どう共通性があるかということを気にする人は極端に少ないと思う。逆を言えば鑑賞に堪えがたいというか、地域性もなにもないツマラナイ家並みばかりなのが日本の住宅建築といっていい。

しかし戦前はどう見られるかがかなり意識されており、東京駅などの公共性の高いものは往時の日本を体現せんと言わんばかりにこれでもかと装うのは言うに及ばず、一般住居でさえ細かな細工や意匠（デザイン）が施された。これらは**看板建築**と呼ばれ、特に関東大震災後に多く建てられた。多くの家が焼け、家屋の普及が急務となり、地方から多くの職人がやってきた。

看板建築の例

建物自体は一般的な木造建築なのだが、特に商店建築は**表通りから見える部分だけ**銅板やモルタル（装飾用のモロいコンクリ）で擬似3階建てにしたりした上に模様や紋章みたいなものをあしらって豪華に立派に作ってしまった。意匠を凝らすのは施主がこうしてくれとお願いしたというより、職人が自らの腕を見せつけたり趣味としてデザインを凝ったと言われている。

かつては生活に必要な、炊事、洗濯、排泄といった機能が外にあり、近隣との共同体で共用していた。家電が登場しそれらの機能が宅内で完結し、内向きの思考が加速するまで、特に戦前までは自宅というものが壁で隔てられた外にも生活機能が拡張していたため、**家の外観までも町並みとして共有**されるという意識が強かったのではないだろうか。

看板建築街・淡路町

この万世橋駅があった**淡路《あわじ》町《ちょう》**周辺にも看板建築がたくさんあった。交通博物館があった頃も階段の踊り場から外を見ると目の前に銅屋根がエメラルドグリーンにキレイに葺いた看板建築がデーンと鎮座していたものだった。今では再開発に伴いだいぶ取り壊されてしまったが、一本路地に入ればそれなりの数が残っている。

この看板建築街の中心部に、全体を見渡すかのような五叉路があるのだが、そのド真ん中に立ちそば屋**六文《ろくもん》そば**がある。

山手線東側エリアに多店舗展開するチェーン。甘めの明るい色味の汁が主流の中で、色が黒い辛めの汁ってのがかなり稀少。今どきかけ一杯200円程度で食べられるというのも奇跡的。

だけど飲んでみると見た目の割にしょっぱすぎないってのも魅力。七味とカエシの辛味と、みりん的な甘みと、ボッツリしたそば粉がチョットしか入ってない麺と相まって、なんだかわかんないけどホッと出来る味。それこそ、思わずフラッと暖簾を潜ってしまう立ちそばの醍醐味でしょ。

そのテンションをさらに上げてくれるのが天ぷら。それもソーセージ天くらいジャンクに振り切った方がイイ。揚げ置きのガチガチの天ぷらは歯応えも心地よく、さらに汁に浸してデロデロになったのと、独特の匂いのある魚肉ソーセージを合わせて噛むと気分は小学校の頃の駄菓子屋にタイムスリップ出来るのだった。

淡路町の一角を抜け、靖国通りを越えた先にも、だいぶ取り壊されたが未だ看板建築が散見できる。その中で現役の飲食店として営業しているのがここ、**栄屋ミルクホール**。

戦前からミルクホールとして営業していて、最近までミルクコーヒーの類の喫茶メニューもあったが、今はなくなっている。メインはラーメン。東京醬油ラーメンの典型のようなアッサリしてそうな見た目だが、かなりシッカリした飲み応えのある一杯で、折を見ては幾度となく足を運んでいる。

入口脇にショーケースがあり、オニギリやいなり寿司が早い時間だと並んでいる。ラーメンのお供に近くのサラリーマンが頰張るのだ。店内に入ると床に**パイプの丸椅子**が擦れる音がそこかしこから聞こえてくる。ひとりひとりのスペースは狭く、1つのテーブルに大の大人が1～2人、適度な合間をとって席に着いている。

栄屋ミルクホールのこの存在感

フロア担当の女将さんが奥の厨房にいるご主人にオーダーを通す独特の符牒があり、その声を聞くと、栄屋に来たなぁという実感がわく。今日も「おそば！」の声がこだまする。

おそばことラーメン６２０円は、表面のラードも少ないし、ダシも素材感溢れるものじゃないのだが、ほんのりとマッタリ感があって、独特の甘みが口中を優しく支配する。この自然な肉系の甘み。これがシミジミと胃に染みるのよ。いつ食べても変わらない。麺は白くてポクッとした食感。細いんですぐへバりそうだけど、グチャグチャにならない。独特のポクポク感が最後まで持続する。

具の小松菜は、苦みとスープの甘みのコンビネーションが絶妙。それとチャーシューの出来の良さ。かなり肉々しい赤身で、脂分もしっかり付いている。味も適度に染みてるし、なんてことない顔しながら、それぞれのパーツに**さりげなく当たり前の仕事**が施されているのが、なんとも憎い。

いやはや、いつ来てもミルクホールは相変わらずで大満足できる。機会を見つけて、今後も一杯でも多く味わっていきたい。

思わず叫んだ！　奇跡の激シブ老舗

ある時、栄屋ミルクホールの近くをふらついていたら明らかに戦前築という風格漂う**激シブな看板建築の天丼屋**に出会ってしまった。巡り合わせは大事にしないといけないのだが、その日はどうにも天丼のテンションではなく、再訪を誓い訪問を断念した。

それから十年。遂にその**八ツ手屋**に伺う日がきた。その間に東日本大震災もあって、建物が残っているのかさえ心配だった。しかし店を目の前にして、その変わらぬ姿に思わず「**ビュリフォ―――――！**」と叫びたくなってしまった。何度見ても惚れる佇まい。値段はありえないほどリーズナブル。一番安い天丼で千円札で相当の釣りがくる。「上」や「重」もあるが、この感じだと質ではなく量や天種の数の違いだろう。

嬉しくてニヤニヤしながら暖簾を潜ると、待ってました**焦げ茶色の重厚空間**。雰囲気としては近くの神田まつやとか甘味の竹むらに似た風情だが、こちらはもっと気易い感じ。テーブル席5～6卓がメインで、奥に小上がりが2卓だったか。1人か、多

ビュ、ビュリフォ———!!

くても3人程度でさっくり食べて帰る造り。入って右手厨房は腰より少し高いくらいの高さにスリット状に隙間があって、ちょうど席から天ぷらを揚げる鍋が見える。年季が入っている様子で、否が上にもテンションが上がる。

　天丼中は750円。この値段というのが目の前にしてもにわかに信じがたい。期待通りの熱が強く入った黒っぽい揚がり。満遍なく回しかけられたタレ。その油とタレの合わさった香りが、ふわっと立ち上がり、鼻腔をくすぐった瞬間、もう卒倒しそうになる。矢も盾もたまらず、天ぷらにグワッと嚙み付くと、ザクッと小気味いい揚げの食感の後、甘じょっぱいタレが油のコクに乗って口中に広がる。油が重すぎたり苦み走ったりせず、タレもカッタるくならず、この辺の塩梅は**さすが老舗**といったところか。

　タレは創業の1914（大正3）年以来の継ぎ足しだそうで、まったりと濃厚な舌触りながら後味サッパリという超絶ダレが実現しているのだろう。エビも臭みはないし、大きなかき揚げの主要構成要素となるゲソもプリプリ。熱が入り甘くなったタマネギと甘辛のタレとの相性も抜群。

先の震災も影響してか、ドンドン戦前の看板建築が取り壊される界隈にあって、未だここで営業しているだけでも**奇跡としか言いようがない**。後継者がいないという噂も聞くし、この界隈のこうした店は、やはり行けるうちに行くべきだと思う。50年、100年とこの土地で時代の空気を吸ってきた現在の姿は今この瞬間を逃したら二度と出会えないのだから。

さすが老舗という味

第3章

関東大震災からの復興

上野東側の裏路地に見る
和洋定食・男子メシ紀行

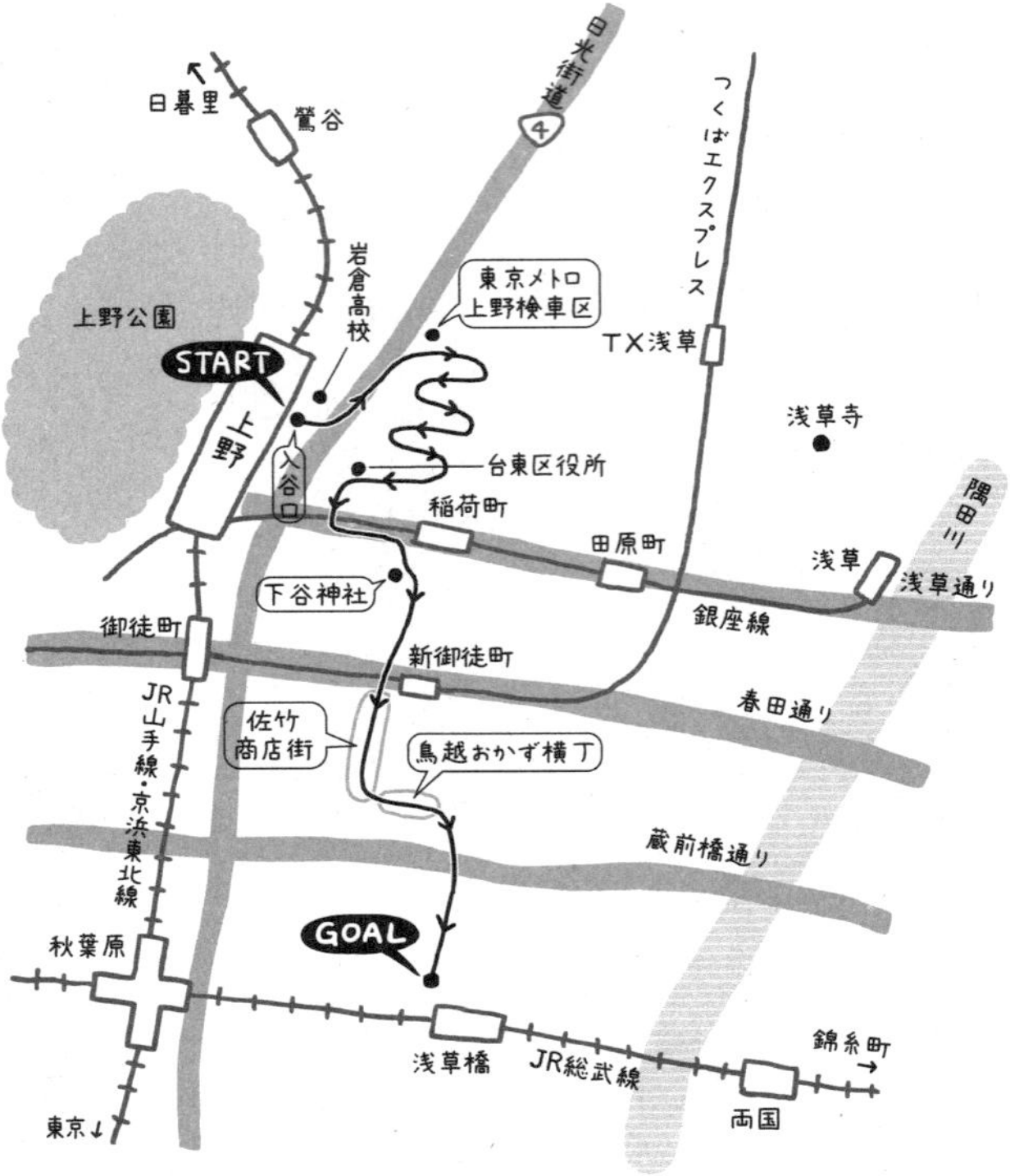
日暮里
鶯谷
日光街道
4
つくばエクスプレス
岩倉高校
上野公園
東京メトロ
上野検車区
TX浅草
START
上野
入谷口
浅草寺
台東区役所
稲荷町
隅田川
田原町
浅草
浅草通り
下谷神社
銀座線
御徒町
新御徒町
JR山手線・京浜東北線
春田通り
佐竹商店街
鳥越おかず横丁
蔵前橋通り
GOAL
秋葉原
浅草橋
JR総武線
錦糸町
両国
東京

ザ・喫茶店で腹ごしらえ

上野駅に**入谷口**《いりや》というのがあるのをご存知だろうか。アメ横や西郷さん方面へ抜ける南側の広小路口《ひろこうじ》・不忍口《しのばず》のほかに、動物園や博物館へ行く北側に改札があるのだが、公園口とは別に、鶯谷《うぐいすだに》方面へと延々続く通路が存在する。この入谷口改札を出てすぐにある、上野鉄道警察隊上野分駐所には、地下鉄やアメ横はこっちじゃねぇと、まるで入谷口の利用を阻止してるような案内板が出ている。ここを通らずして上野は語れない。上野といえば俄然、**入谷方面の東上野**なのだ。断固として入谷口から降りる！

通路の途中に大人の休日倶楽部やスポーツクラブの入口があるのだが、以前この辺に「ブルートレイン」という鉄道グッズの店があった。昔有人改札だった頃に切符に鋏痕《きょうこん》を入れてた改札鋏《はさみ》とか、サボという車両の脇に行き先を案内するサイドボードとか、そのクルクルクルって行き先表示が巻物みたいになっているヤツとか、そんなんが所狭しと並んでいて、子供心

入谷口の通路

に秘密基地みたいで眩暈《めまい》がするほど綺羅《きら》びやかに映った。以前はサンシャイン60にもあったが、どこもすでに撤退してしまった。

通路の先、階段を下りるとやっと外に出る。**日光街道（国道4号）**が走っており、それを越えると台東区役所など区の施設が集まるエリアとなっている。この一帯は、**空襲を免れた2階建て長屋**の類が数多く現存する。前章で触れた看板建築も多い。

とはいえ耐久年数を過ぎ、また都心に位置することからマンション用地とされるケースが、バブルでもないのに現在進行形で頻発している。しかし、ビルの裏側の路地に迷い込めば、今でもまだまだかような物件が連なる路地空間が現在進行形で息づいている。目を凝らして散策していこう。

2階建て棟割長屋の看板建築

木造家屋を縫って歩いていると、昭和から営業しているであろうザ・喫茶店といった佇まいの**KENT（ケント）**を発見した。半円のホロ庇が連なり、レースのカーテンから店内のオレンジの明かりが鈍く漏れている。入口脇には四角いボックスの照明看板。こういう店には**デキる洋食ランチ**があるに違いない。

店の入口まで来ると、案の定お食事セットが掲示されていた。見ると夜でも食べられるようだ。しかしここで注意しなければならないことがある。喫茶店の食事メニューは案外レンジでチンするだけの市販の冷凍食品であることが多い。店で作ったものの冷凍ならいいが、スーパーで買ってきたものだったりするケースも見られる。これぱっかりは外観などからは推測できない。要は賭けである。

店内は右手にカウンター席が4〜5つあるものの、ほとんどがテーブル席。4人がけのテーブルが7卓はあろうか、びっしりとテトリス状態で詰められている。カウンターには常連のオッサン。テーブルには若いのか年なのか不明な男女。それらと付かず離れず、それでいてテレビが見える位置、という絶妙な席を見つける。椅子はどれも**茶色のペッコペッコのソファー**。これだよなぁ。深く腰掛けるとググ〜ッと仰け反ってしまうほど沈み込みがある。

卓上のメニューを見るとお食事セットは軒先にあったよりも多く存在していた。カレーやハンバーグもあるじゃない。こりゃ完全に**男子メシ屋**やね。

ホゲ〜ッとテレビを見たり見なかったり、厨房から聞こえるフライパンから爆《は》ぜる音や常連の話し声に耳を傾けたりしつつ待つ。このアンニュイなスパンがなんともいえないね。

やってきました、お食事セットハンバーグ８００円。うわっ、**ライス平盛ながらデカッ！**　しかもカップの中身が味噌汁だ。

肝心のハンバーグはというと、しっかり焼かれているが、かなり柔らかく、ややネッチョリ系。タマネギ以外の具はミックスベジタブル的なもの。ソースはデミグラスソースというよりブルドックソースに少量のケチャップを混ぜたような味で、まさに**お母さんのハンバーグ**といった体。肉汁もジュワ～ではないが適度にこぼれ、ホクホクの食感がタマラナイ。

付け合わせのポテサラもいい塩梅。ライスはやや硬めで好みとは違うがハンバーグには合ってるし、なにより量が多いのが嬉しい。大盛りも＋１００円で可能らしいが、どんな盛りになるんだろう？

カップの味噌汁をガーッと飲み干し、食後の濃いめのアツアツ珈琲で〆る。店主は終始温厚な態度で、会計時美味しかったと伝えるとまた来てくださいねと気さくに応えてくれた。

お食事セットハンバーグ

帰りしな、ほかに常連のオッサンが2人ほど入ってきて、店主に「面倒なので悪いけどホットサンドいいかな?」と注文した。するとカコカコと玉子とマヨを掻き混ぜる音が聞こえた。おおっ、**玉子サンド**の中身から作るのか! 思わず「こっちも!」と叫びそうになるのを、時間がなかったのでグッと堪えた。

地下鉄の踏切、見たことある?

再び木造家屋の路地をクネクネと進むと、突如として踏切の遮断機が現れた。こんなところに電車が通ってたっけ? よく見ると、レールは見えるが柵が下りて電車が通る気配がない。線路の先には東京メトロ銀座線の車両が並んでいる。**地下鉄に踏切**とは、往年の春日三球ばりの疑問ではあるが、解答はあっさりと出る。この上野検車区から踏切を通って地下へと潜る仕様になっている。この潜る側がフ~ッと闇に吸い込まれそうでつい見入ってしまう。

この踏切部分、地上を電車が走るにもかかわらず架線がない。

東京メトロ銀座線の踏切

普通は電車の上、パンタグラフから電気が供給されるが、ここでは線路の脇から電気を得ている。右サイドに線路と並走するコンクリのような白い物体が見える。だからむやみに入らぬよう柵が施され、高圧通電中の危険が警告されている。

検車区から南に行くと台東区役所があるのだが、その脇に寄り添うように並ぶ棟割の商店群が見える。その内、花屋や不動産屋は営業しているようだが、一番右にある喫茶と書かれた店**ひまわり**は入口が真っ暗で中が全く見えず、しかも**明らかに建物が傾いている**。みるからにスナックといった風情で、全くもって入りづらい。しかし、

明らかに建物が傾いている……

店先に貼られた食事のセットメニューが実にソソる。これは不可避とばかりに、エイッ！と気合を入れて扉を開ける。

店内は思ったより明るい。席はコの字カウンターのみで、茶色い壁に白い天井、テレビではＮＨＫの連ドラが流れている。客は近所のサラリ

ーマン風ばかりではなく、なんとOLまでもがランチを食していた。

気さくそうなご主人とパートらしきご婦人で賄っている。早速生姜焼きセット700円を注文すると、先にセットのコーヒーが登場。さらに**アルファベットチョコ**がグラスに盛られて出てくる。透明なビニールで捻られた一辺1㎝くらいの小さなサイコロのようなチョコ。このサイズ感だと不二家のピーナッツチョコが有名だが、あれに似たやつ。こういうちょっとしたサービスがなんとも憎い。それにしてもコーヒーとチョコのコンビは不動やね。

そうこうしているうちに、**生姜焼き**登場！　うわっ、デカ！　タマネギも細切りながらタップリと入っており、スパゲティもたくさん埋まっている。なんて思っていたら追ってライス登場……って多いよ！　山盛り。スパゲティが大量にあったからご飯はないんだと思っていたら、**Wで山盛り**か。これ女子はまず食いきれないだろうな。そしたらさらに玉子焼きまで登場!?　もういいよ。でも汁モンは付かない模様。

味はどれも期待通りのもの。喫茶店で食べる炒めたての生姜

Wで山盛りの上、玉子焼きが付く

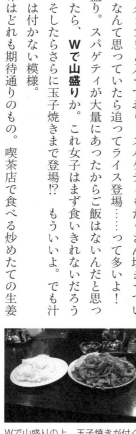

焼きってなんでこんなに胃に染み渡るんだろう。豚は肉厚だし、タマネギはシャキシャキでピーマンも結構入ってる。スパゲティが冷たくなっているのはご愛嬌だが、ハムまで添えてあってね、この一皿で十分完全食。それにご飯がタップリ付くんだからもう**最高のコストパフォーマンス**。完食ムリかもと思ったが、美味しく食べきった。

この店自体はオープンして15年ほどだが、ご主人自身はこの土地の育ちのようで、数十年前までここら一帯は喫茶店だらけだったという。そのほとんどが店を畳んでしまう状況にあって、新たに昔馴染みのスタイルの喫茶店を始められたご主人の気概にはただただ感服するばかり。

東京最後の同潤会アパート

ひまわりを出てスグのところに、お寺のような**典型的な宮造り**の東京型銭湯**寿湯**が立派にデーンと構えている。かなりの大きさで知らずに目の前にするとビックリしてしまう。1階屋根の庇部分が滑らかに湾曲し末広がりに反る唐破風の大きな外観は、**都内屈指の立派さ**。しかし外観で驚いてばかりはいられない。内部にはさらなる展開が待っていた。

下足箱は昔馴染みの木札のロッカーながら、フロントは近代的に改装されていた。券売機で入浴券を買って受付に渡すと、木札と脱衣場のロッカーキーと交換してくれる。脱衣場も改装され白くて清潔そのもの。なんだかビルの中の銭湯に来た気分だが、上を見ると立派な格天井《ごう》で、この銭湯の歴史が垣間見える。

典型的な東京型銭湯

洗い場にはシャンプーとボディソープが備え付け。ここは手ぶらセットが50円で、ナイロンタオルとタオル大小が付く。室内浴槽は日替わり湯と泡風呂といったよくある構成だが、別料金のサウナ200円の奥に、露天風呂がある。これがかなりのビッグサイズ。8人は入れるかという岩風呂。このほかやや小さめな冷水風呂、それに外にも塩サウナがあり、脇にはまた水風呂がある。**どんだけ広いんだ**と。
全て利用しても700円程度。スーパー銭湯並みの値段で、上野から激近という立地でこの充実度。ここまで揃っちゃうと逆に、温泉だったらなぁとか欲が出てしまうが、現代の銭湯の進化形を見た気がした。

寿湯の裏手は現在マンションになっているが、つい数年前（２０１３年）まで、ここに東京で最後となった**同潤会《どうじゅんかい》アパート**が建っていた。

同潤会とは、関東大震災による復興計画として立ち上げられた財団法人で、防災の観点から日本で最初の鉄筋コンクリートアパートが計画された。近代化の象徴としてのモデル事業としてみられる傾向があったようで、大学教授や官僚・作家といった富裕層が多く住んだという。

上《うえ》野《の》下《した》アパートは１９２９（昭和４）年完成。同潤会は１９４１（昭和16）年に解散しアパート建設は１９３４（昭和９）年で打ち止めとなっているから、中後期の建設となる。20年前に上野下を見たときは、その後回ったいくつかの同潤会アパートに比べ、まだしばらくは持ちそうだなと、現役感のある頑丈な姿に安心しきっていた。

当時、**清砂《きよすな》通アパート**はまだ堅牢な

同潤会上野下アパート

面持ちだったが、**三ノ輪《みのわ》アパート**などは外壁が剥がれ落ち、見た目にはほとんど廃墟のような風前の灯火といった体だった。解体までの十数年前まで建っていたが、取り壊される直前に訪れた上野下も、だいぶ三ノ輪化しており、20年という歳月を痛感させられた。

特に屋上部分は床のコンクリ部分がだいぶユルくなっており、一部ペコペコとたわむほどだ。**屋上は洗濯場**になっており、以前は万国旗がはためくごとくに洗濯物が干されていたが、今は錆び付いた物干し台が、虚しく青空に一線を引くのみだった。かつては人が活き活きと当たり前の日常を過ごす場としての雰囲気が漂っていたが、確かに住人の姿はまま見受けられたものの、なにか廃墟度が増している気がした。

アパート向かいには以前**長屋**が軒を連ねていた。ここに**林《はやし》家《や》彦六《ひころく》**が住んでいた。笑点でお馴染み、林家木久扇《きくおう》が木久蔵《きくぞう》の頃からずっと「ば〜か〜や〜ろぉ〜」とモノマネした師匠。

彦六は一時八代目林家正蔵《しょうぞう》を名乗っていた。本来は昭和の爆笑王こと林家三平が八代目正蔵を襲名するはずだったが、彦

彦六長屋、最後の一軒

六（当時は5代目蝶花楼馬楽《ちょうかろうばらく》）が一代限りの条件で海老名家から正蔵の名跡を借りたため、根岸の林家からここ上野下の長屋に正蔵の名が移った。しかし三平が急逝してしまったため、馬楽は正蔵の名跡を根岸に戻し林家彦六となったが、ついぞ三平は正蔵を名乗ることはなかった。三平の妻、海老名香葉子《えびなかよこ》はこのことが相当ショックだったようで、悔恨の念からこぶ平の正蔵襲名が早まったという話は広く知られるところとなった。

そんな彦六長屋もしぶとく一部分だけ残っていたりしたが、上野下アパートを追うようになくなってしまった。寸前の、長屋の分断されたサイドのトタン張りがなんとも痛々しかったのを鮮明に覚えている。

蔦の絡まる異様な建物の正体とは？

上野下アパート周辺の一角に、蔦《つた》の絡まる異様な陰の気を発する**巨大なコンクリート建築**がはだかる。

かなりビビる外観だが、ここは学校だった。下谷《したや》小学校といい、1928（昭和

3）年に**東京市復興小学校**として建てられた。震災後の復興事業という同潤会アパートと似たような役割を担っていた。コンクリート造りの堅牢さゆえか、今日までほぼ原形をとどめている。現在は地域の活動の場として校庭など区民が利用しているようで、近隣の中学校や高校の仮校舎としても活用されているらしい。

驚くなかれ、立替工事中の岩倉高校（上野駅近くにある鉄道マニアが集まる高校）も2007年に仮校舎として使用していたようで、学生からは廃病院でバイオハザードと恐れられたという。学園祭も催されたというから、知っていれば絶対行ってたよ。

ちなみにこの蔦、廃校となる前から絡ま

東京市復興小学校として建てられた下谷小学校

っていたそうで、この光景の中、学び舎として機能していたというのだから、そんなところで学んでみたかった。

旧下谷小を南下し**浅草通り**を渡ると、目の前に大きな鳥居が立ちはだかる。この**下谷神社**周辺の旧町名を南稲荷町といった。1965（昭和40）年、住居表示法改正という愚策により南北の稲荷町は東上野3～5丁目と元浅草2丁目に編入された。改正された町名からは何らの地歴的手がかりは見出せないが、界隈に寺が多いことからも、寺社に守られた民家が軒を連ねる場所であったことが想像できる。

この辺りは、看板建築も長屋もまだまだ現役。下谷神社の境内からして見受けられる。神社裏から路地に迷えば、住まいを兼ねた町工場や倉庫が多く散見できる。井戸も現存。木箱の牛乳瓶受けもあったりして、正しく戦前から息づく**木造の路地裏迷宮**と化している。

躯体は戦前のまま!?　驚異の食堂

ここまで歩いてくると改めて、これだけ木造家屋が密集しているにもかかわらず、空襲で焼けなかったのは奇跡に思えてくる。似たような状況の土地では焼夷弾《しょうい》による爆撃で木造家屋の延焼が被害を甚大にしたと聞く。寺社が多いからかとも考えたが、どうも東京大空襲当時、風上は北西方向のため、広大な上野公園や大通りが近く、上野の山の風下にあたる南東側の町が焼け残ったのではないかと言われている。そこまで上野の山は高いかなぁと思うのだが、真相やいかに⁉

周囲の民家に溶けこむように、**古くからの庶民建築然とした佇まい**で一瞬にして目を奪われたのが**田中食堂**。通りに面した部分は新しくトタンを打っているようだが、瓦屋根や、棟割だろう連続する木造モルタル民家から、建物自体は木造の相当歳月を経た看板建築と窺える。暗くなる頃、ポツンと田中食堂から明かりが通りに漏れる光景は、金縛りにあったかと錯覚してしまうほど、しばらく固まったまま見惚れてしまう美しさ。

中に入ると、再び身が凍ってしまった。想像以上に年季の入った空間で、特に天井と柱の黒光りする光沢が、そんじょそこらの老舗より、ましてや作られたレトロなんぞを吹き飛ばす、**圧倒的な重厚感**を漂わせている。ただただ、絶句するしかなかった。繋げられたテーブルの島が3つあり、20人以上は座れるだろうキャパを持つも先客はおらず、ＮＨＫを映すテレビの明かりだけが寂しげに店内を照らしていた。厨房と客席の間は壁で仕切られているが、厨房からは横に細長く開けられた隙間を通して客席を望めるようになっている。その壁の端に帳場が設えてあるところなんざ、**古いメシ屋の造りそのもの**。その脇にはデカいサンプル棚があり、ずらりとメニューがディスプレイされている。壁面にも短冊でメニューが並んでいて、揚げ物に魚、ハムエッグと定番メニューが揃う。アルコールも**ホッピーに中《ナカ》（追加焼酎）**の表記もあり、そこそこ飲んでご飯で〆るにも良さそうだ。

想像以上に年季の入った空間

　卓上のポットにはほうじ茶がセットされており、啜りつつスポーツ新聞なんぞを眺めることしばし。

　メンチカツ定食６００円。あらかじめ包丁が入っておりますなぁ。箸で食べるには嬉しい。メンチ自体の揚げはソフト。それでもきつね色に適度に色づき、丁寧な仕事ぶりが窺える。衣は厚めでキメが細かいのでサクサク感は薄いが、しっかりとした纏まりある衣を

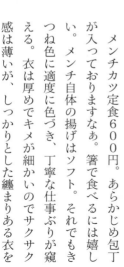

噛みしめる快楽はある。中のミンチ肉はキメ細かく、舌触りがこれまたソフト。味つけも大人しく、全体に優しい味わい。

付け合わせのマカロニサラダもキャベツもソツなく、お新香もあっさりしているが、特筆すべきはご飯。しっかりとやや柔らかめに炊きあがっており、見た目にもツヤツヤのピカピカ。定食屋の味の決め手はご飯。ご飯がしっかりと美味しいのが第一条件、基本中の基本だから、とにかく嬉しかった。

帰りしな、お話を伺うと歴史などを聞かせて下さった。それによると、詳細な年は分からないが、ひいお爺さんの代からだから、**100年近く**になるんじゃないかということ。震災で焼けたが、空襲は免れ、戦後外側をリフォームし、以後手を入れながら現在に至る。ということは、**躯体は戦前のまま!?** なるほど、これだけ店内を綺麗にされて、その上で黒く輝く木の質感の重厚さが理解できた。

商店街でインベーダーを満喫

再び通りの看板建築を見つつ南下すると、**春日《かすが》通り**の向こう側に、屋根の掛かった商店街が延びている。

この佐竹**商店街**は300mと決して長くないアーケードながら、実は**日本で2番目に古い**商店街（一番は金沢の商店街と言われている）。

歴史は明治にまで遡る。火災で野ッ原となり一時は**陸軍省用地**ともなったようだが、1884（明治17）年頃から民間に貸し下げられ商店が並び始め、1898（明治31）年に商店街が結成された。当時は相当な賑わいだったようで、煮込みやおでんの露天から**寄席・見世物小屋**が並ぶというから、その頃のテンションが残ってないのが悔やまれる。見世物用の大仏まであったという。震災と空襲でまたもや焼け野原になるも、その都度復活し、1969（昭和44）年にはアーケードが完成。どこもそうだが、昭和50年代までは非常に人手があったようだ。

現在はご多分に漏れずシャッターが多くなり、買い物客もまばらだが、それでもこぢんまりとだが渋くキラリと光る良店が点在している。日用品の店というより、ちょっとした休憩に使えるような店が残っている気がする。そういった地元の姿を見ていきたい。

佐竹商店街

商店街に入ってしばし、昭和からのドッシリとしたケーキが楽しめそうな佇まいの**中屋洋菓子店**が一際目を引く。外の**プライズマシーン**の存在が、常に尋常ならざるオーラを発している。現在は故障しているが、車のハンドルのようなレバーでクレーンを操作して、中のおもちゃを掬い上げ、穴に落とすといった、いわばＵＦＯキャッチャーの元祖的なもの。20～30年ほど前まではよく、こうしたマシンがデパートや大型スーパーの屋上、観光地の遊技場などに頻繁に見受けられた。

そうそう、結構この手のゲームが得意で、小学生時分にジャスコのゲームコーナーでベビースターを一発でＧＥＴしたんですわ。そしたら賞味期限切れ。モチロン泣き寝入りで、今では考えられないけど、それでもＯＫな時代だったなぁと。こういうのが残っていると、その頃のおおらかさを思い出す。

そんな昭和オヤジの今回の目的は一つ、この洋菓子店左、**喫茶室にあるゲーム台**だ。テーブル筐体《きょうたい》を席替わりにする喫茶店は辛うじて現存するが、ここのはなんと**インベーダー台**なのだ。喫茶店でインベーダーが現役稼働ですよ。

花柄のシールが実に昭和している入口を抜けると、既にサラリーマンオッサン約2名が**麻雀台**をテーブルにまったりしている。他に喫茶店もあろうに、なぜに喋りにきてるのか。それはさておき、インベーダー台はというと、おおっ、空いてる。インベーダー以外はアニメ絵の萌え萌え脱衣麻雀っつーのがなんとも。

テーブルの上に呼び鈴が置いてある。壁のメニューを見やると、**レモンスカッシュ**や**コーラフロート**なんてソソる品々が並ぶ。久々にウィンナーコーヒーが飲みたくなって、呼び鈴を鳴らして出てきたオヤジさんに注文を告げると、なんと**出来ない**という。なにならあるのかと尋ねると、生クリームがないので、乗せる系は無理らしい。別にやる気がないわけでも半分キレてるのではなく、こういう性質の方なのだろう。町の古くからの地域密着店ならではのテンションだから、今のサービス業に慣れてる人はビックリするかもしれない。こういう時余所者は無難なすぐ出そうなものをオーダーするのが正解。

インベーダー台が現役！

それとインベーダーをやりたい旨を告げる。台の脇に電源ケーブルがあるので、自分でコンセントに挿し込むようだ。途中から大体この店の要領が掴めてきた。電源を入れて稼働する様子やコントロールパネル、インストカードなどを見ていると、もう注文の品がやってきた。先に口を潤してからプレイといこう。

ブレンドコーヒー320円はいわゆる昔ながらの大手メーカーのものと思われ、これもまた一興。アツアツのを冷ましながら、久々の味に気分はもう、昔親戚のオジサンに連れていってもらった、**ヤケに暗い町の喫茶店**に入って、ドキドキしながら大人の世界を垣間見た時のまま。

コーヒーロールは隣の洋菓子店からビニールに梱包されたままのものが小皿に乗って登場。食感は非常にふんわりソフトながら、しっとりというわけではなく、これという味ではないのだが、昔馴染みの風味でホッとする味わい。熱々のコーヒーとこのコーヒーロールで、ゲームの準備はバッチシ出来上がった。

さてインベーダー。さっきからインベーダーと言ってるが、実はタイトーの純正スペースインベーダーでない。だからこそ、こうして訪れたというのもある。

当時大量にコピー基板が出回ったが、まだ著作権も曖昧で半ば野放図になっていた時代。まるっきりタイトー製のフリしてコピーした、いわば**パチモン**もあったが、ゲームメーカーが一部改造して自社製品としたり、あからさまにパクったような類似品も多かった。その爆発的なブームに、タイトーも製造が間に合わず、インベーダーっぽかったら何でもいいからといったいい加減な風潮があったから、コピーや類似品が出回ったという側面もある。

　こちらにあるのはユニバーサルというメーカーが出した、**コスミックモンスターⅡ**なるもの。ユニバーサルはパチンコで知られるが、当時は**ギャラクシーウォーズ**や**Mr．Do**などアーケードゲームのヒット作も出していた。

　プレイ感覚はオリジナルと一緒だったが、2面からは独自のフィーチャーが存在、UFOを打ちそこねると、インベーダーが増殖する。これはなかなかのアイデアで、横に増殖するので、侵略するスピードが上がるし、コントローラーも独自の仕様なので、かなり手こずった。

　とはいえ、時折徐々に冷めるコーヒーを飲みながらのインベーダーは格別。まるで夢の中にいるような足元のおぼつかなさで、なんとか店を後にしたのだった。

ナポリタンに佐竹の実力見たり

佐竹商店街の中腹に、ピラフやハンバーグといったディスプレイが目を引く喫茶店、**ファミリースナックロッキー**がある。しかしいつ見ても地元のオジチャンオバチャンで一杯だし、店名にスナックとあることからも、余所者のアンチャンには厳しそうな雰囲気だ。

ディスプレイが目を引く喫茶店

しかし入ってしまえばなんてことない。店内は思ったより奥に広いし、そして明るかった。どちらかというと１９８０年代的な、ややポップささえ感じさせる。ワインやビールの種類が豊富でもおかしくなさそうな、垢抜けた雰囲気も漂っている。客層はもちろん近所のオバ様方が中心で会話に花を咲かせているのだが、それ以外にもヤングなアベック、女子一人客なんかもいて、近くの人が普通にランチなどに利用しているようだ。

いただいたのは**ナポリタン**６００円。コーヒーはランチタイムだと２５０円で付けられる。これが飲んでみるとちゃんと淹れたもので、渋くないキリッとしたシャープさが生きていて驚かされた。

それはともかくナポリタン。これがもう**嬉しいまでに想定外の良さ**。丁寧に時間をかけて炒めてるなぁとは思ったが、太めでやや柔らかめの麺がへバらず、うっすらと油でコーティングされている。かといって焦げついておらず、香ばしさが軽やかで焦げた所の苦みはない。ケチャップもベチャベチャでなく、コートされた油といいバランスで絡み、しっとりしてるのに飛び散る感じがない。**ナポリタンはパスタに非ず**、しっとりしてないと。

具の赤いソーセージと細かなベーコンというダブル肉も憎い（ダジャレになってしまった）。ケチャップソースの味ってなんでこうベーコンと合うんだろう。ソースのまとわりついたソーセージだけど、パリッとした食感は残ってんのよ。ピーマンの苦味もいいアクセントになっている。付け合わせのサラダのポテ

嬉しいまでに想定外の良さ！

サラもパサつかず水っぽすぎず、イモ感も残っていて心憎い。

こんなソツない仕事をする正しい喫茶店がしれっと商店街に紛れているとは、佐竹、恐るべし！

嗚呼！　懐かしのハムライス

佐竹商店街の南端、アーケードを抜けた対面に、八を丸囲みした文字が眩しい定食屋、**武井食堂**がある。黄色地に赤というのも食堂好きにはグッとくる。軒先にサンプルディスプレイがあり、オムライスなんぞのメニューが並んでいて、実にソソる。

誘われるままに入店。店内は古びた様子もなく、実に小綺麗にされている。しかし逆にこのシンプルさこそ、奇を衒《てら》わずに堅実に商売されてきたことの証。少ない蛍光灯の明かりにぼんやりと照らされる**朱色のテーブルの上の魔法瓶**。大衆食堂好きならグッと来るシチュエーションだろう。

ズラリと並ぶ品書きに目をやる。ついとんかつ定食やキムチ味タンメンに目を奪われるが、そう、ここにはアレがあるのだ、**ハムライス**が！　具の少ないチャーハンみたいで貧乏臭く思われるかもしれない。

アニメ・タイムボカンシリーズの主題歌や燃えよドラゴンズ！で知られる山本正之の歌に**『友情のハムライス』**がある。上京してきた若者が、ラジオのクイズ番組でGETしたわずかばかりの賞金でデパ地下の高級ハムを買ってハムライスを作るという内容。このことからも窺えるように、ハムライスって、冷蔵庫に実家から送られてきたお歳暮やお中元の余り物のハムと冷凍ご飯しかない貧乏学生が作るようなシロモノであることに違いない。町の中華屋でも、炒め物のランク付けとしては最下層に、こういうチャーハンの類もあった。

で、こちらのハムライス650円は、チャーハン600円より少し高い。まぁハムってだけで昭和は高級だったたってことかな。ネットで調べるとケチャップで味付けされたものがレシピとして多く出てくるが、それはケチャップライスなのであって（鶏肉が入っていればチキンライス）、ハムライスはこちらのように白くないといけない。ちなみにアノ、**銀座・煉瓦亭**にもメニューにあるようだが、立派な大判のハムで蓋をされているものの、その下はしっかり白いライスだ。

ハムライス発見！

それはさておき食べてみると、ネッチリと歯に絡みつくような、半分ピラフ入ってる炒まり具合。ケチャップとか醬油とか、液体を絡めないとこうなるよね。正しい。具はやや大きめに細切れにされたハム。それも結構しっかりした弾力あるもので、薄切りの縁の赤いハムじゃなかった。それとタマネギ。よく火の通ったタマネギの甘みが、所々焦げて、しっかりと油をまとったライスとよくマッチして、メチャメチャ旨い。

塩コショウだろう下味も控えめながらしっかりと効いてて、若干油過多ながら外で食うものとしてはこれくらいでないと。全体に優しい甘さで包まれていつつ、しっかり男の子味にまとまっている。

帰りしな少々お話を伺ったところ、店は40年ほどになるそうだが、やはり建て替えて改装していた。それと、店内に飾られている**米軍戦闘機ライトニング**が気になったので尋ねると、マスターの趣味で、模型は自作ではないのだが、米軍基地の開放日などに赴いてはグッズを集めているという。店とは関係ない趣味が出るのも町の食堂らしい。

おかず横丁に往時の賑わいを見る

佐竹商店街を抜けた先、ちょっとした路地に「おかず横丁」の文字が躍る、なんともソソられるネーミングの商店街がある。全長200m程と、先の佐竹よりも小さな商店街だが、かつては夕食のおかずを求める主婦で賑わっていた。

歴史は佐竹ほどではないが、震災後の市区改正を契機に、これまでまばらにしかなかった商店が軒を連ねだし、東の鳥盛会、西の商正会を形成したが、戦後東西を一本化、**鳥越《とりごえ》おかず横丁**となった。

この界隈はホンの小規模の町工場が今でも多く残っている。近隣には自営業者が多く、多くは家内制手工業で賄っているため、夕食は自宅で一家団欒の食卓を囲むことができない。それで奥方が夕方、おかずを買い求めたため、おかず横丁として発展したらしい。

現在もそうした町工場はあるものの、絶対数は昭和の時代よりは激減。高齢化が進むし、新たな居住者は勤め人が多く、彼らのライフスタイルにおかず横丁の営業スタイルが合うはずもなく（午後4時や5時に惣菜だけ買い物に行かないだろう）、商店が一つ、また一つと閉められ、今では多くがシャッターを下ろしている。

時代の要請といえばそれまでだが、同じくシャッターが多くとも、佐竹と決定的に違う点は、同じ食品を扱うにしても、家で食べるためのものか否かが、大きな分かれ目となっているように思う。つまり日の沈む前におかずを買って家で食べるよりも、喫茶などでふらっと昼間時間を潰すようなニーズの方があるということだ。同じく町が高齢化していても、仕事をリタイヤした人は昼間時間があるうちに喫茶店で煙草を吸っても、焼き魚買って家では食べない。おかず横丁にも飲食店はあるが、実に少ない。

しかしかつての賑わいは相当だったと窺い知れる要素はふんだんにある。とにかく**建物が凝っている**のだ。かつての通りの賑わいを想像させるほど、通り沿いの商店の意匠の豪華さが半端ない。今回はメンチなど惣菜片手にそうした建築散歩を試みたが、惣菜屋も激減し、片手が寂しくなってしまった。

とにかく建物が凝っている

ド本命の立ち飲み屋でフィニッシュ

蔵前橋通り《くらまえばし》を越えれば、その先はもうＪＲ浅草橋駅。**問屋街の裏道**は配送などの車でいつも混雑しているが、駅から少し離れた倉庫が建ち並ぶ一角に、日が暮れる少し前から赤提灯に火を灯す立ち飲み屋がある。町歩きの〆は誘われるかのようについつい コチラ、**西口やきとん**に足が向いてしまう。

１９７３（昭和48）年の創業当時は、まさに西口のガード下で営業されていたというが、２００３（平成15）年にこの場所に移ってきた。中に入るともう常時満員電車状態で、喧騒と煙が包む**ザ・立ち飲みな空間**が出来上がっている。

店に入って左に焼き場があり、それを囲むようなカウンターがある。まさにかぶり付きのアリーナ席。そこから店奥へと厨房に沿ったカウンターが続き、その背面にも壁に向かい合うカウンター。これがお約束のビールケースを並べた上に板を通しただけの安普請さ。自分はここに居場所確保。店奥を覗くとテーブル席になっていて、椅子もある。複数人は奥へ、一人の客は手前のカウンターの空いたところへと、若いニイチャン店員がテキパキと誘導している。

まずはドリンクということで、**ボール**280円を。ここでのハイボールはレモンがデフォルトとなる。**いわゆるレモンハイ**で、歩き疲れた身に炭酸がしみる。

焼き物は大抵のホルモンが揃う。この日はまず、タン・ハツ・ナンコツ・カシラ各1串100円を塩にしてみた。身は大ぶりのが3つ。いずれも適度な歯ごたえと柔らかさが共存した、ソツのない焼き加減。噛むと溢れ出す旨みと鼻を突く焼きの香ばしさ、そこに加えるボールのシュワッシュワの炭酸と焼酎の苦みのハーモニーがもう堪んないッスわ。

追加でネギとタマネギのほかに店内手書きメニューにあったバラ。豚バラ肉は適度に脂身が間に挟まり、非常に柔らかく、旨みもよく出てきて食べやすい。野菜はやっぱり焼くと甘みがよく出てきて、こちらはあっさりながら甘辛いタレとの相性がバツグン！

こちらのジョッキは小さめで、これだけ一人焼き物を頼めば当然なくなってしまう。だが小さめの割に**焼酎が濃い**のか、かなりガツンとくる。2杯目は**ホイスのハイボール**280円。ウイスキーが高嶺の花だった昭和30年代に生まれた飲み物で、ウイスキーもどきということでホイスキー、そこから転じてホイスとなったらしい。下町ハイボールなどもそうだが、炭酸と安い**焼酎に謎のエキスを垂らす**的なシロモノで、ホイス原液の調合は門外不出だそうだが、漢方薬の成分も配合されているとのことで、ハイボールらしい炭酸のさっぱりとした飲み口に、ほのかな甘苦さが残る感じがなんとも爽快。

これに合わせるのは、**皿ナンコツ**こと軟骨の醤油漬け200円。圧力鍋で煮込んでいるらしく、これがもう超トロトロ。脂身が多いのだが、トロミも感じるしょっぱめの醤油ダレに浸かった肉もホロける柔らかさ。しかし一人で一皿食べるには量的にというより油ギッシュすぎる。なので**フランスパン**100円をオーダー。なんと串に刺して焼き台で焼かれた代物。スゴい存在感！で、フランスパンに皿ナンコツを乗っけて食うわけ。パンにタレと脂が適度にしみて、これがもうなんとも言えない。

さっと上げて家路につく。最後にド本命を堪能して気持ちよく店を後にした。ここに来たからにはこれでないと！

皿ナンコツ 200円

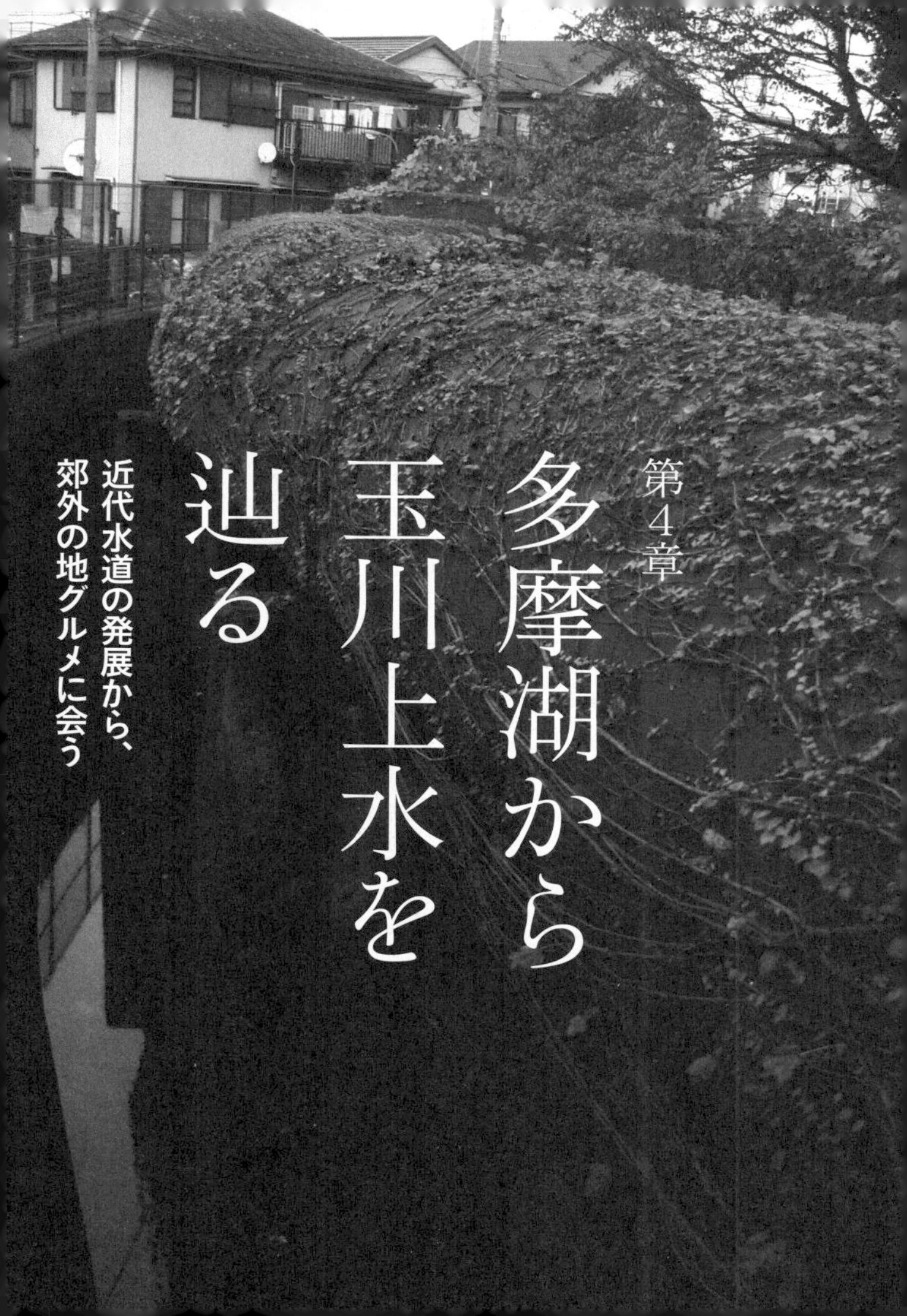

第4章 多摩湖から玉川上水を辿る

近代水道の発展から、
郊外の地グルメに会う

所沢
埼玉県
西武新宿線
西武ゆうえんち
西武山口線
(レオライナー)
西武園
多摩湖
(村山貯水池)
村山下貯水池
第一取水塔
東村山
武蔵大和
東村山
浄水場
村山下貯水池
第二取水塔
西武多摩湖線
START
GOAL
小平
小川
ブリヂストン
関連施設

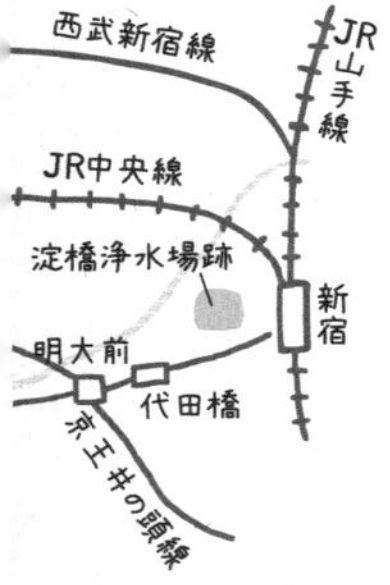
西武新宿線
JR山手線
JR中央線
淀橋浄水場跡
新宿
明大前
代田橋
京王井の頭線

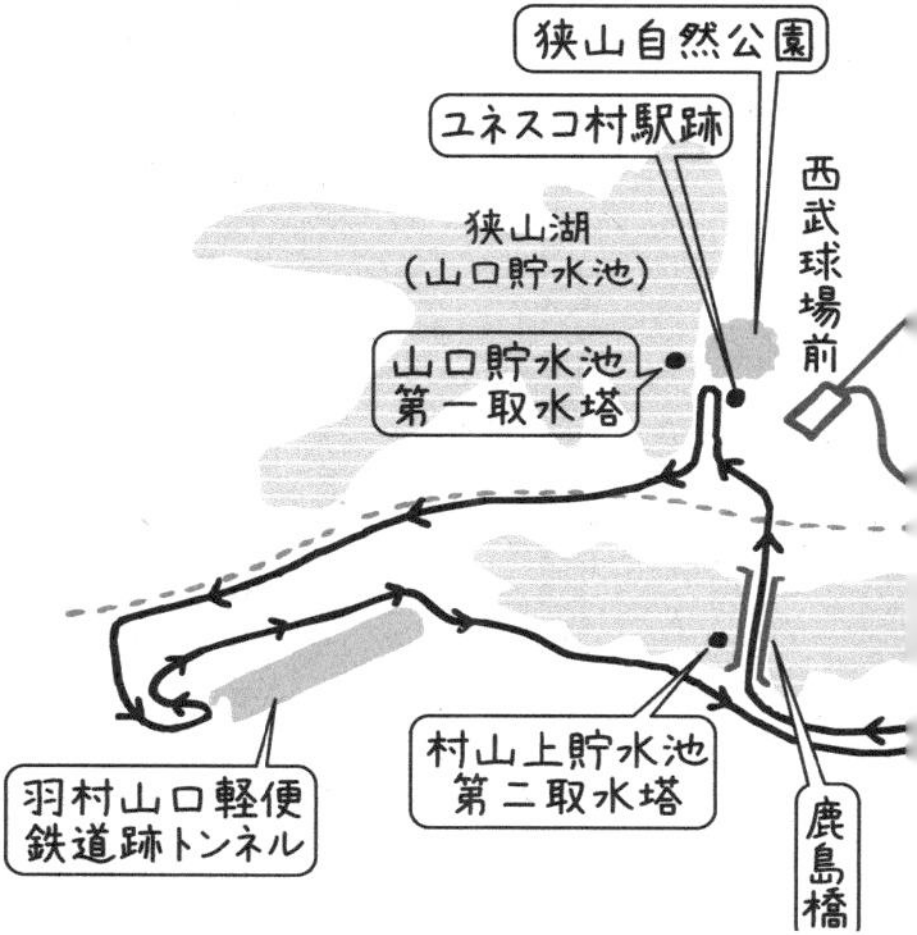
狭山自然公園
ユネスコ村駅跡
西武球場前
狭山湖
(山口貯水池)
山口貯水池
第一取水塔
村山上貯水池
第二取水塔
羽村山口軽便
鉄道跡トンネル
鹿島橋

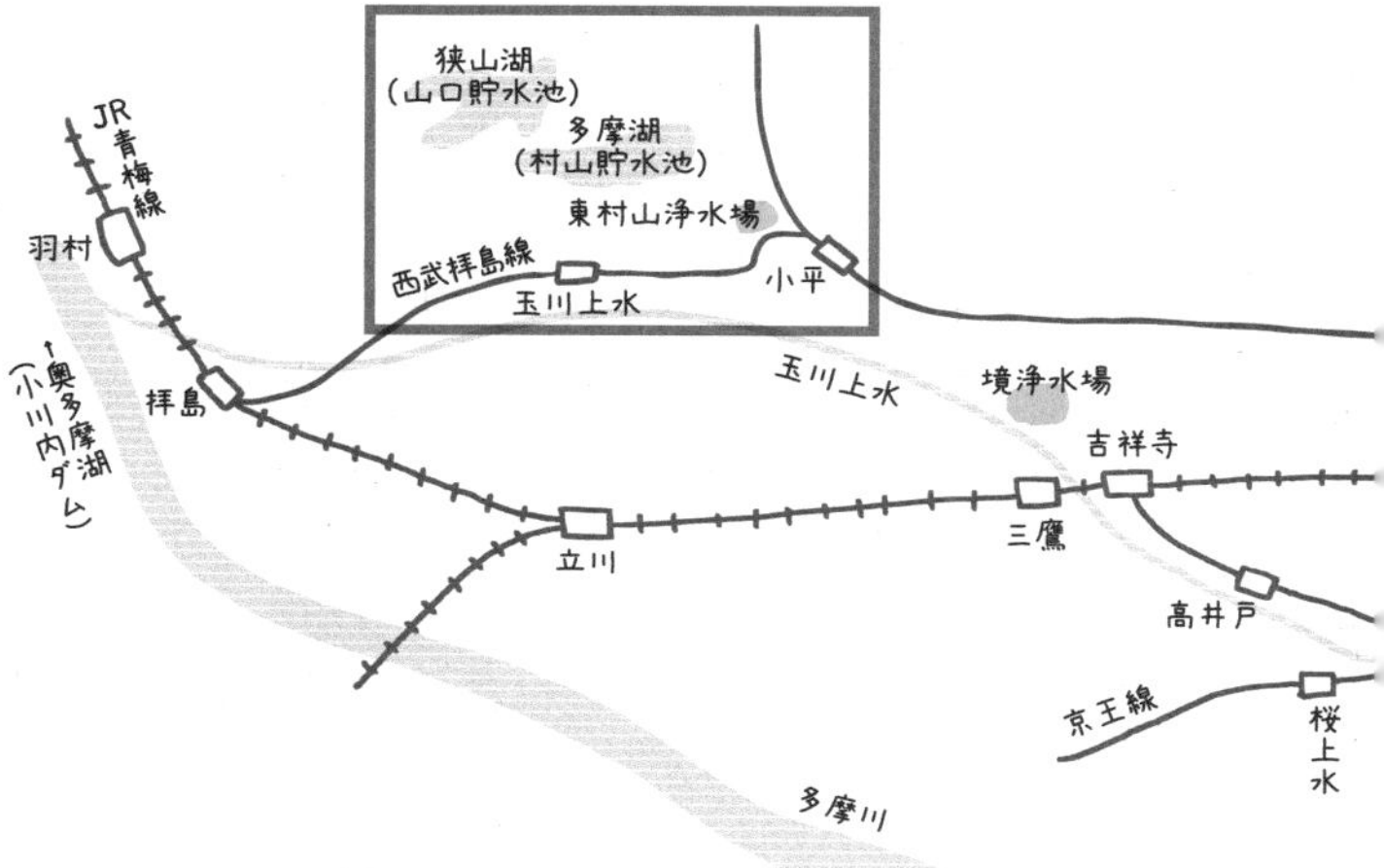
狭山湖
(山口貯水池)
多摩湖
(村山貯水池)
東村山浄水場
西武拝島線
玉川上水
小平
JR青梅線
羽村
拝島
↑奥多摩湖
(小川内ダム)
玉川上水
境浄水場
吉祥寺
三鷹
立川
高井戸
京王線
桜上水
多摩川

旨すぎ！　武蔵野うどん

私たちが普段利用している水道水。果たして何処から来ているかご存知だろうか。山から川を流れて、浄水場に送られて処理されて飲水になることはまぁ想像できると思うが、現在東京の水道水は群馬から埼玉を抜け流れ込む利根川をメインとする水系が使われている。それまでは**多摩川水系**が江戸・東京の水源となっていた。

江戸の人口が増えて水が必要となり、幕府が上水の整備に乗り出した。実は江戸期の灌漑《かんがい》事業というのは壮大なもので、荒川を強引に曲げたり、第2章の日本橋川なんて江戸城の濠に他の川を引き寄せて作ったもの。重機もない当時、人力でそれら土木工事を行ったことを考えると恐ろしいものがあるが、そんな感じで、生活用水確保のために、多摩地区の羽村《はむら》から多摩川の水を取り入れ**玉川上水**を作った。この工事に尽力したのが、1653（承応2）年から54年にかけて玉川上水の開削の指揮をとった、玉川兄弟。なんだか、金も要らなきゃ女も要らない人みたいな名前だが、当時は名字がない人がほとんどの時代。功績が讃えられ、玉川の姓を貰ったというのだから相当なことだつたのだろう。

その多摩川の源流に当たる奥多摩湖に**小河内《おごうち》ダム**が出来たのは1957（昭和32）年。計画自体は1872（明治5）年に立ち上がったというから、完成までの長い時間がそのまま、明治以降の近代化の歴史でもあり、また近代水道の歴史といえよう。

しかし玉川上水だけでは急増する人口の増加には対応できず、1909（明治42）年、中島鋭治《えいじ》という工学博士に村山貯水池の計画を依頼。1916（大正5）年の着工から10年後の1927（昭和2）年に完成した。これにより玉川上水の始点、**羽村取水堰**から、志村けんの東村山音頭でお馴染み、庭先の多摩湖こと**村山貯水池**にいったん水を貯留することができるようになり、そこから東京近郊の広い範囲に水路を張り巡らすことが可能となった。

我々の現在の生活を支える礎となった、その上水を辿るということ自体も、近代〜現代の都市を知る上で重要ではあるのだが、と同時に、戦前にかけて作られた水道施設、特に**取水塔の造形美**は目をみはるものがある。ここまで、看板建築なども見られることを意識していると述べてきたが、こうした公共の建造物もまた、同じように見られることを意識してるとしか思えない過剰とも言える装飾や意匠、造形美を放っている。東京区部からも電車で30分とかからないので、こりゃ見に行くしかあるまい！

多摩湖の最寄り駅は、武蔵大和《むさしやまと》駅など幾つかあるのだが、広い多摩湖を一周するのに徒歩では大変。ならばと、小平《こだいら》駅近くの自転車屋さんでレンタサイクルすることに。

小平駅から多摩湖へ真っすぐ延びる**水道導水路**があり、この上がサイクリングロードになっている（多摩湖自転車道）。沿道には桜の木が植わり、春には桜舞い散る中を気持ちよくサイクリングできる。今回取水塔以外にもう一つ目的がある。それは、この辺りに根付く地グルメ、**武蔵野うどん**。稲作より小麦の栽培に適した土地だったようで、東村山から所沢、川越、桶川周辺にかけての武蔵野台地上には独自のうどん文化が存在している。**太くて粉っぽいうどんを甘辛い肉汁につけて食べる**スタイルながら、地域によって微妙に特性が異なる。なので、東村山周辺の古くから営業している武蔵野うどん店にどうしても立ち寄りたかったのだ。

小平と多摩湖の中間くらいに、武蔵野うどんの老舗、**きくや**は存在する。チョット田舎の車道路沿いにある昔ながらの飲食店といった空気が店内から外にまで漏れている。ちょうど昼ピークで外に待ちも出来ているが、さして待たずに入店すると、従業員のオバチャンがテキパキと動き回っている。

うどんの玉数でオーダーするようになっていて、一般的なLLで汁椀小盛4玉分とのこと。その上に3L《スリーエル》、4L《フォーエル》と続く。これにプラスして、汁を武蔵野うどん定番の肉汁にするか、かき揚げが付く天付《てんつき》にするかでオーダーが決まる。これは天付いくしかないでしょ。

LL肉汁天付650円。おぉー、これが夢にまで見た（実際見てないけど）武蔵野うどんか。肉汁はけんちん汁チック。豚肉の泳ぐ椀には、表面に煮込みで出た油が浮遊し、湯気とともに立ち上がってくる醤油ダレの香りに鼻腔をくすぐられっぱなし。うどんは地粉だそうだが、灰色がかってゴワゴワしてそうなのに、艶やかにテカリさえ湛え、しっかりとしたエッジがある。

矢も盾もたまらず麺のみ啜ると……なんじゃこりゃ〜！讃岐うどんのようなエッジからくる食感の口中快楽の後、嚙むと適度な弾力があり粘りとともに地粉のワイルドな風合いが口中に溢れ鼻に抜ける。

汁自体は実に家庭的な味わいで、肉じゃが的醤油と油の甘みが溢れ、しかもあっさりとした仕上がり。うどんを浸すと

きくやの LL 肉汁天付

粉と醤油と油が一体となって独特の素朴ながらパンチのある味わいが出来上がる。かき揚げは作り置きのフツーのものながら、このうどんと、特に肉汁とマッチしていて、天ぷらの油が余計に食欲を増進させる。

なんという**恐ろしいまでのコンビネーション**だろう。都心からそう離れていない場所で、昔からこうした地うどんが打たれていたのかと感動するとともに、もっと早く出会いたかったと後悔するのだった。

廃線跡を経て再びうどん

ここで一旦自転車道から離れ、東村山駅方面へと向かう。ここに**鷹《たか》の道**という道路があるのだが、村山貯水池の工事に際し資材を運ぶために敷設された**東京市軽便鉄道が走っていた廃線跡**なのだ。1920（大正9）年の鉄道完成までは馬に資材を曳かせていたようだが、1924（大正13）年村山貯水池完成に伴い、わずか4年で廃線となった。総延長は3・7㎞。車両には5t蒸気機関車が2両用いられたそうだが、そんな面影は微塵もない沿線風景となっている。

武蔵野うどんの老舗、小島屋

ここから自転車を進めるとスグ、廻《めぐり》田《た》町という住所にぶつかった。なんか古くからの町名って感じだが、ここに先のきくやと並ぶ武蔵野うどんの老舗、**小島屋**がある。

なんだか**学校の木造旧校舎のような建物**が歴史を感じられワクワクしてくる。しかもカラーリングが飲食店としては異例の深緑というのも、ディープさをよりいっそう演出している。

裏手のモロに農家の物置き場といった駐車場脇に自転車を止める。見るとトタンに庇をつけた簡素な納屋に竹箒が掛けてある。好きだなぁこういうの。

店内はコンクリートの三和土《たたき》が続くようなスペースが手前にあり、テーブル5席ほどが配置されている。厨房はまるで法事でもあったかのように、ここでも大勢のオバチャンがせっせとうどんを拵《こしら》えている。今の斎場で行うような葬儀ではなく、昔の一軒家で行われるみたいに、近所の人がおにぎりを作りにきたりする、そんなノリでうどん屋をやっているように映る。

マッハのスピードで肉汁うどん750円が登場。作り置きは覚悟していたが、あまりにも早い。しかし、うどんは宮崎美子《よしこ》よろしくピカピカに光っていた。見た目はややクリームがかった白で、明らかにきくやとは違うタイプ。やや弾力に欠く気がしなくもないが、その分、ポックリとした食感の後にくる粉の味わいが食べやすくもハッキリと伝わってくる。もうね、止まらんですわ。

それにこの肉汁。やや甘さが前に出ているが、その分味にメリハリがある。油も適度に浮かんで満足感も十分。かといってダシが弱いわけじゃなく、肉は薄くとも、旨みもしっかり感じられる。うどんに負けず、かつ勝ちすぎず、絶妙な全体のバランスの前に、あっという間に完食してしまった。

添えられた漬物が田舎料理的でホッとさせてくれた。

圧巻！　嘘みたいなレンガ取水塔

小島屋近くの前川沿いに多摩湖を目指すと、西武多摩湖線の武蔵大和駅にぶつかる。

駅はローカル駅らしい小さなものだが、スタート地点から続く多摩湖自転車道や東京市軽便鉄道もこの**武蔵大和駅で一斉に合流**する。これまで辿った道が一つに結ばれたところで、さぁここから本番、村山下貯水池へと突入。

武蔵大和駅交差点から自転車道を多摩湖へと坂道を上がる。緩やかにクネる上り坂で、桜の時期は花見客もチラホラ。桜吹雪の中、気持ちよく坂を上りきると、交番が見えてくる。ここから多摩湖の東側、村山下貯水池を見渡せる見晴らし台に上ることができる。案内板に従って進むと、念願の取水塔が現れた！

村山下貯水池第一取水塔

ゲームやアニメでしか見ないようなレンガの塔が今目の前にあるという、にわかに信じ難い事実。バベルの塔と形容するか、ドルアーガと例えようか。レンガのディテール、半円窓のアール（湾曲）、ドーム屋根最上部の針金細工のような意匠、入口上部の紋章、そのどれをとっても圧巻の迫力。しかも水位によってレンガ部分の経年変化の度合いが違うから**独特の退色グラデーション**ができており、恐怖とも畏怖とも取れる独特の近づきがたいオーラを発している。深夜に天体観測なんぞで来た日に出くわしてしまったらもう、身体が硬直してそのまま卒倒してしまいそうだ。

隣り合う2基の内、第一取水塔は１９２５（大正14）年の完成で、なんと**貯水池の取水塔としては国産第1号**となる。塔は水面の上に出ている部分だけでも12ｍ以上あり、２つの取水塔の中間には朝霞《あさか》・東村山線から水を引き込む導水路口が潜んでいる。円柱形のシルエットにネオバロック様式と呼ばれる柱・窓、そこにドーム屋根が被さるという姿は、その後の取水塔の雛形になったという。

あまりの圧倒的な存在感に、ビビリな自分はここで退散。と自転車道へ戻ろうと鉄橋を歩いていたら、石を積んだ段々畑状態の斜面が窺えた。**十二段の滝**といって、多摩湖がオーバーフロー、つまり堰堤から溢れないようにここから余水を放水するそうで、水の勢いを抑えるため段々になっている。

廃線跡を行く

自転車道をさらに進むと、静かな湖畔に瀟洒《しょうしゃ》な住宅が建ち並ぶ住宅地になっていて、キレイに区画整理がされている。まるで、私邸のクリスマスイルミネーションの火付け役となった横浜・青葉台辺りのような、バカバカしいほどの等身大リカちゃんハウスが並ぶ。**虚像のおとぎの国**のようだ。

真っ赤な鹿島橋

住宅群を抜けると、新緑の落ち着いた風景が延々と続く。すると突然、緑に囲まれた中に真っ赤なラインが垣間見えた。**鹿島橋**という結構立派な鉄橋で、多摩湖を構成する村山下貯水池と上貯水池を繋いでいる。

この先で、西側の村山上貯水池の堤防に差し掛かると脇に貯水池管理事務所が見える。親柱《おやばしら》のデザインもなかなか迫力のあるものになっている。この堤防の上は、多摩湖を南北に縦断する唯一の道路になっており、車の交通量が異常に多い。その割に道幅が狭く、歩いて渡るのがチョー怖い。上手く行き違いさせるためか柱に信号がつけられている。

　堤防の上からは上貯水池が見られないので、貯水池管理事務所越しに眺めると、なんとか上貯水池の取水塔が確認できた。塔自体は1924（大正13）年の完成ながら上の操作室は1991（平成3）年に改築されている。だから下部は欄干と同様にいい感じに歴史を重ねた風合いを漂わせている。横の丸い取水塔は内側が花崗岩《かこうがん》でできているそうで、外側はレンガで覆われている。なんだか**辰野金吾の物件みたい**だ。

　下貯水池脇の広場に、なにやら城跡に見られるような四角く囲われた石造りの物体が目に付いた。これは堤防のたわみを測るために作られた基準点で、堤防の両岸に4箇所ずつあるという。この南4番基準点には基準点となる印と道界をハッキリと見ることができた。

広場にあった南4番基準点

　階段を上り堤防の北端に出た。村山貯水池の上流にあたる多摩川の羽村取水堰から導水路を掘るために、**羽村山口軽便鉄道というトロッコ軌道**が敷設された。この堤防北端から狭《さ》山湖《やま》にかけての間に、その**終着駅跡**があるらしいので、行ってみよう。
　現在も**レオライナーで知られる西武山口線**は、西武遊園地駅と西武球場前駅を結ぶ私鉄が保有する唯一の新交通システム（案内軌条式鉄道）だ。１９５０（昭和25）年に多摩湖ホテル前駅と上堰堤駅（翌年ユネスコ村駅まで延伸）を結ぶ**おとぎ線**を走る軽便鉄道、おとぎ列車からスタートした。しかし１９８４（昭和59）年に運行休止、翌年までの大改修に伴い、遊園地〜ユネスコ村間が廃止された。

廃レールが放置されていた

　道路脇になにやら意味ありげな空き地があって、取ってつけたように駐車場になっているが、駐車場とするには中途半端な三角形の土地で、道路からの退避線のようでどうにも匂う。と思ったらやはりこの辺りがユネスコ村駅だったという。

　車止め代わりにはなってないと思うが、駐車場の縁に沿って**廃レール**が放置されている。駐車場の裏手が崖になっているからこういうものも必要と思ったのだろうか、意味ないと思うがお陰で30年以上経った今でも名残を感じることが出来ている。それに加え、廃駅の名残ではないかもしれないが、木の電柱のようなものにライトが取り付けられていた。駐車場の常夜灯なのだろう、**異様に廃墟感が漂っている。**

今度の取水塔はメルヘンチック！

この先は多摩湖の北側に位置する狭山湖こと山口貯水池だ。ここは**狭山自然公園**となっていて、広場脇には**城跡のような石積みの物体**が見え、なんだか妙にだだっ広く感じる。

ベンチと日除けが設けられた箇所になにやら柱のようなモニュメントが見える。案内板によると、第二次大戦中に爆撃から堤防を守るためにコンクリートでブロックした**耐弾層**というものを設けたようだ。平成に入り改装工事をした際、不要となった耐弾層を破壊したところ、中から１９３４（昭和９）年完成当時の堤防の高欄（手すり）と親柱が現れた。この親柱は照明と避雷針の役目をしていたようで、ここに保存されている姿は当時とほとんど変わらないという。

山口貯水池第一取水塔

さて肝心の**山口貯水池第一取水塔**、外径約9m、高さ約40m、1934年に完成。村山下貯水池の第一取水塔のおよそ10年後の完成となるが、頭頂部がなんだか近くの西武園遊園地に合わせたかのように**メルヘンチック**。おそらく後から作り変えたものだと思われる。そこがチト萎えるが、入口周りの意匠や塔自体のレンガの質感は、多摩湖と並び一連の取水塔の形式を踏襲しているので、独特の圧迫感は健在。

さて、先にユネスコ村駅跡の辺りを見たが、この**トロッコ軌道**、この駅に来るまでは多摩湖対岸から地下を通って延びてきていたようなのだ。その痕跡を探るべく、多摩湖の西端まで行ってみよう。

自転車道の西半分側は緑に囲まれていて、なだらかに下っていると新緑の風がなんとも気持ちが良い。と、多摩湖に沿う道と市街地へと向かう道の分岐に着いた。ここから多摩湖畔へ1㎞弱の辺りから地下に入るようだ。

とその前に、この辺やたらと温泉施設への案内板が目立つ。だいぶ汗をかいてきたし、入るしかないでしょ。

かたくりの湯は武蔵村山市営の温泉施設で、敷地は野山北公園の一部となっている。受付で下駄箱のキーを預けるとロッカーのキーと交換してくれる。ここは海パンで入れるプール施設もあり、温泉が用いられていることからエステや運動効果が期待できるようだ。このプールがあるからか、どうも脱衣場が市民プールの味気ない脱衣場っぽくて、裸になるのが妙に恥ずかしく思える。

露天・室内とも温泉が使われている。となればまずは露天へGO。そんなに広くもなく、それに増してフェンスが高いので緑に囲まれた好ロケーションを満喫できないのが残念。まぁ色々事情があるんでしょう。地下1500mから汲み上げているという温泉も無色透明でほぼ癖がない。しかし岩風呂の縁の岩がいい塩梅の大きさと配置で、ヌルめのお湯にゆっくり首を据えて横になるには丁度いい。

相当に人気の施設のようで、土日休日は順番待ちが出る程だというが、それでもサイクリングの休憩で汗を流すには恰好の立ち寄り湯だろう（なお、2018年3月にすべてのゾーンがリニューアルオープンされたらしい）。

湯上がりにコーヒー牛乳をチャージし、目指すは**羽村山口軽便鉄道跡のトンネル**。

多摩湖地下へと遊歩道が整備されており、1号隧道《トンネル》横田→2号隧道赤堀→3号隧道御岳《みたけ》→4号隧道赤坂→5号隧道と続いている。

ちなみに、このトロッコ軌道が役目を終えたことで、**武蔵村山市は東京都の市で唯一鉄道がない市**となっている。

最初のトンネルに名付けられた横田という名称だが、一番横田基地側だからではなく、この界隈が村山村横田という町名だったから。横田基地は福生《ふっさ》に位置するが、フッサというのがどうもアメリカ人には発声しづらく、地図上で近くに大きく横田という町名が書かれていたので、そこから基地名がついた。

その元祖横田からトンネルに入ると、流石に暗いというか、歳月を重ねたズッシリと重たい空気感でトンネル内は満たされている。水が滴り落ち非常に涼しいのだが、**どこか背筋が寒い**。子供が通ったら泣き出しそうな空間だが、近所の方は慣れたもので、何事もないようにまさに涼しい顔で通り過ぎてゆく。犬の散歩とかなら分かるが、それ以外の人は何処へ行くのだろう？　落書きも散見でき、余所者にはなんとも治安

トンネル内は重たい空気感……

5号隧道は封鎖されている

が悪そうに映るが、トンネルには防犯上かシャッターがついており、夜は通行できないようになっている。

それぞれのトンネルは一見どれも同じように映るが、だんだんと山深くなるにつれ、趣を異にしてくる。**御岳を過ぎると一気に山深い雰囲気**に包まれる。緑の鬱蒼《うっそう》とした空気が支配している。一応舗装された自転車道なのだが、4号隧道赤坂を越えるともう既に山間の風景。鬱蒼というかジメジメしている。ここで自転車道の舗装が終わり、ぬかるみが始まる。

しばらくすると封鎖されている5号隧道が現れた。粗野に打ち付けられた板っ切れが物々しさを演出している。この封鎖はかなり安普請でこじ開けられた形跡がある。ホームレスが寝泊りしていてもおかしくない雰囲気だ。トンネル内は暗かったが、板っ切れの間からトンネルの向こうを覗くと、微かな光の円が確認できた。そこは現在立ち入りが許可されていない**多摩湖の土手ッ腹**。吸い込まれるように覗いてしまうが、おいッ!なんて今、肩を叩かれたら口から心臓が飛び出しそうだな、なんて恐怖心に駆られ、足早に帰路に就くのだった。

強烈！　久留米豚骨の異臭空間

ぐるっと多摩湖の下側を半周し、再びスタート地点の武蔵大和駅に戻った。ここから来た自転車道を真っ直ぐ小平に戻って自転車を返してもいいが、せっかくなので行きたかった店で晩ご飯でも食べて帰りたい。

自転車道の途中から**府中街道**に入ったところに、ブリヂストンの大きな工場がある。石橋正二郎（石橋→橋＋石→Bridge-Stone《ブリヂストン》）によって１９３１（昭和6）年福岡県久留米市に創業したブリヂストンタイヤ株式会社は１９３７（昭和12）年に東京に本社を移転。東京工場は１９６０（昭和35）年に誕生している。西武国分寺線小川駅東部には**広大なブリヂストンの土地**が広がり、建ち並ぶ社宅はもちろん、小学校まで隣接しており、一つの町が形成された。

その中に**ブリヂストンマーケット**というスーパーがあり、この片隅に、久留米から来た工場関係者のためにと、久留米から移って来たのが、**いし**という**本格久留米豚骨ラーメンの店**。

はじめて訪れた時の記憶は強烈で、店先はもちろんスーパーの売り場の一部にまで、強烈な豚骨臭が漏れていた。久留米出身の工場関係者、またはブリヂストンといしの関係をしらないものにしてみれば、確実に異臭騒ぎだろう。

買い物を袋詰めしているところからも分かるあの臭いは未だ現役だろうかと久々に訪れてみると、マーケットのあった土地は再開発が決まり、一部にそのガレキを残すのみの更地となっていた。

もうアノ**強臭空間**は体感できないのか。調べてみると、小川駅を挟んだ反対側の商店街に移転し、営業しているというではないか。慌てて急行すると、以前マーケット内でも掲げられていた小さな看板を見つけた。店内はL字型の長いカウンターのみで、10席以上はあるだろうか、ラーメン店然とした内装で明るくて広く見える。

店主のオジチャンは見た目は以前と変わりなかったのだけど、広くなった厨房と明るい雰囲気がどこか馴染んでないようにも映った。それと、一番気になったのは臭い。店外に漏れることは全くなく、入店してもほとんど感じない。

で、早速ラーメン６００円を頂くと、見るからに透明感があ

新規店舗で営業中だった！

るスープが気になる。紅生姜と微かに香る豚骨臭さえ気づかなければ、九州ラーメンとは思えないビジュアルだ。アツアツのスープを啜ってみると、以前の面影はなかった。それでも探るように飲み進むと、甘いタレの味が懐かしさを伴って感じられた。麺も九州ラーメンとしては太めで、柔らかく茹でられた、以前と変わらぬものだと思うが、具材も変わらないのだろうか。

食後、会計のついでに移転先を探してきたことを伝えてみた。「よく分かったねぇ！」と驚かれていた。**マーケットの建物が取り壊される寸前まで営業していた**という。聞きづらくもどうしても尋ねたいことだったので「前の店ではあの臭いをかぐ度に、あぁまた来たなぁ、って思ってたんですけど……」と伺ってみたら、神妙な面持ちで一言「この場所だからね。難しいよ」と辛くも答えていただけた。

まぁスーパーで買い物してる客に豚骨臭を浴びせるより、一応は屋外である商店街の方が困難というのも面白い話だが、それはともかく、予測できた回答だっただけに悪いことを聞いてしまったという後悔はあった。しかしどうしてもあのラーメンが好きな人間がこうして探して食べにきていることを伝えたかった。

以前の店舗のあの味が、思い出として愛好した人間の記憶の中だけに残っていく。

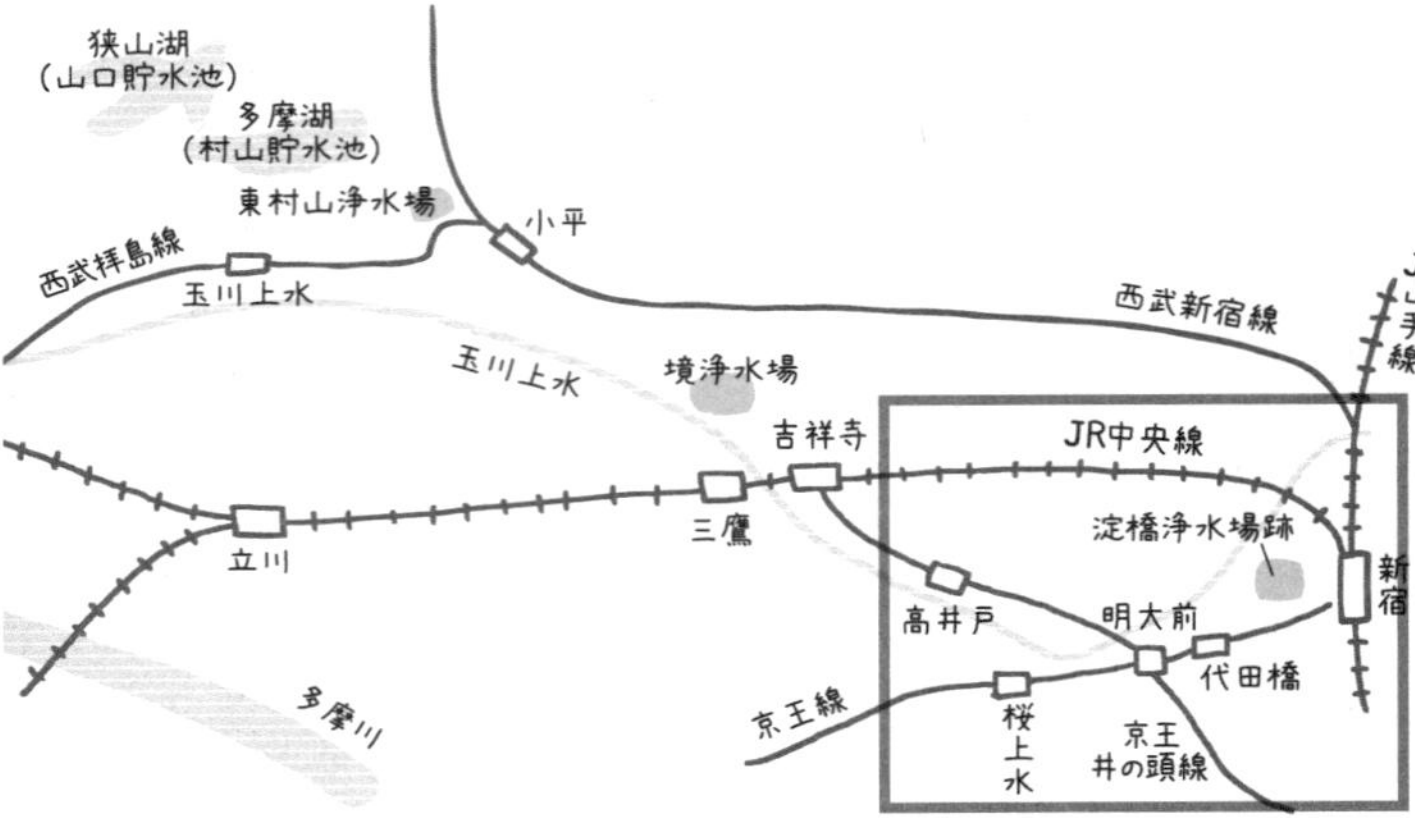
狭山湖
(山口貯水池)
多摩湖
(村山貯水池)
東村山浄水場
小平
西武拝島線
玉川上水
西武新宿線
JR山手線
玉川上水
境浄水場
吉祥寺
JR中央線
淀橋浄水場跡
立川
三鷹
新宿
高井戸
明大前
代田橋
京王線
桜上水
京王井の頭線
多摩川

JR中央線
↑池袋
十二社熊野神社
大久保
小滝橋通り
新宿大ガード
淀橋浄水場跡
新宿
GOAL
初台
新宿中央公園
JR山手線
山手通り
渋谷↓
京王井の頭線

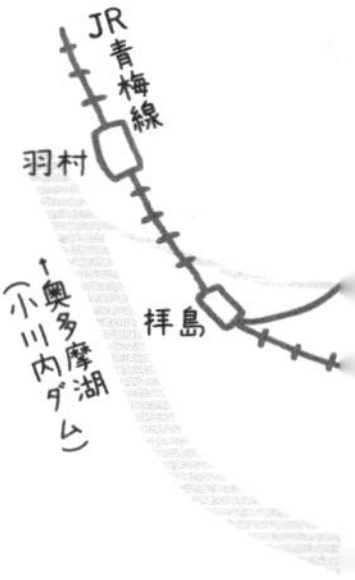
JR青梅線
羽村
拝島
↑奥多摩湖
(小川内ダム)

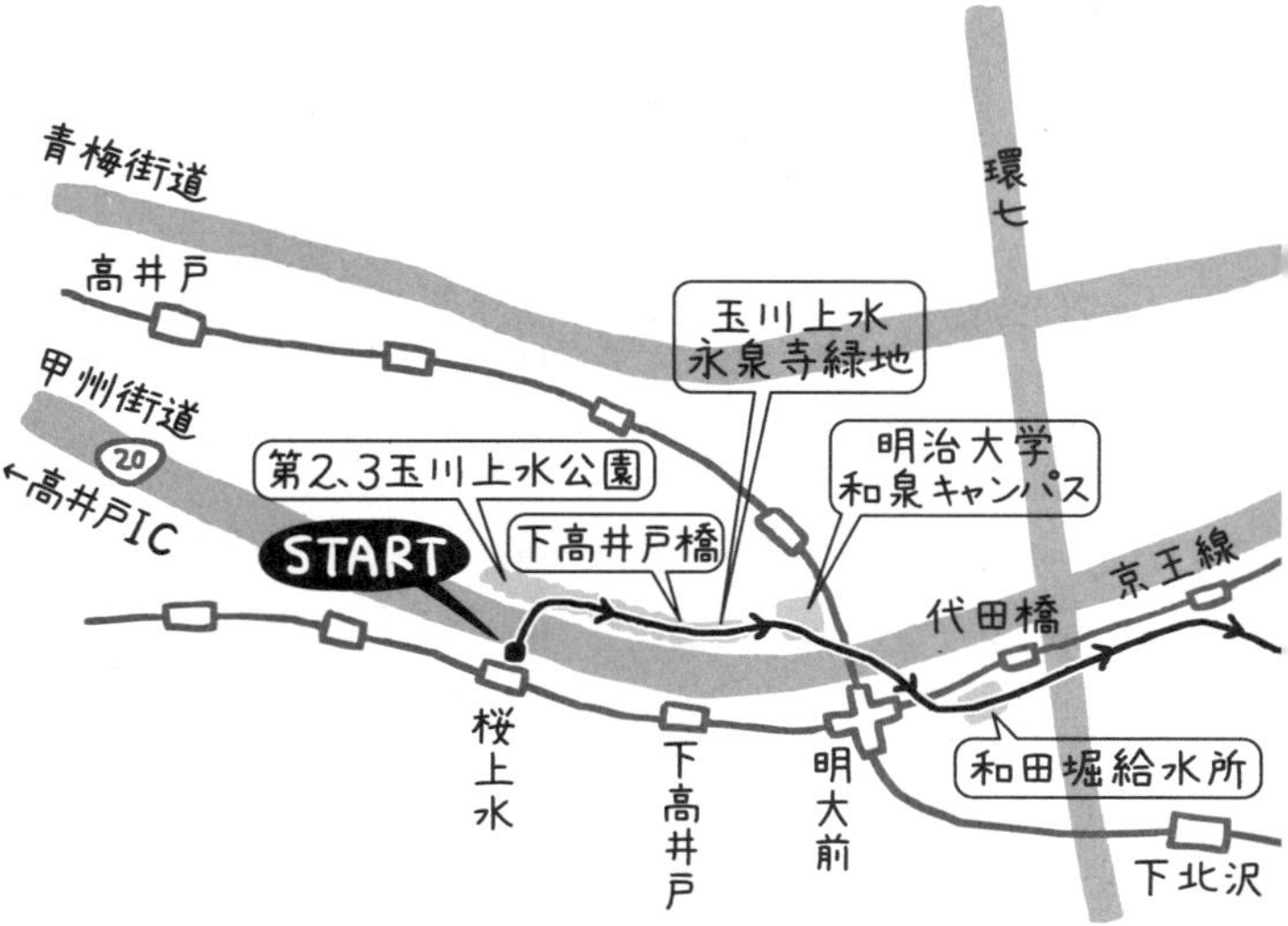
青梅街道
高井戸
甲州街道
20
←高井戸IC
START
第2、3玉川上水公園
下高井戸橋
玉川上水
永泉寺緑地
明治大学
和泉キャンパス
環七
京王線
代田橋
和田堀給水所
桜上水
下高井戸
明大前
下北沢

それもまた一興かと。

玉川上水の暗渠区間へGO

小平に戻り自転車を返して、この日の行程は終了。しかし玉川上水はこの先も流れているってことで、日を改めてさらに下流へと進んでみよう。

玉川上水は多摩湖から東南東へ流れ、三鷹《みたか》を過ぎ吉祥寺の井の頭《いのかしら》恩賜《おんし》公園西園、ちょうどジブリの森美術館を突っ切る形で高井戸《たかいど》へと至っている。

ここまでは大抵の部分を地上に露出しているが、この先、高速の中央道・高井戸IC の辺りで地下を流れる、つまり**暗渠化**する。

甲州街道に沿う形で代田橋《だいたばし》まで続き、終点の新宿は淀橋《よどばし》浄水場まで続いている。暗渠区間の多くは東京都水道局から杉並区が借地し公園にしたそうで、ここを散策してみよう。

京王線桜上水駅から歩いてスグの北側で中央道下の甲州街道に出る。世田谷といえども街道沿いには、環七で見たようなトラック運ちゃん御用達っぽいラーメン屋がわずかだが残っている。せっかくなんで、その1つ、ネーミングからしてモロな感じの、**あぶら～亭**で腹ごなしして行こう。

黒く煤けた赤テント庇がテールランプに照らされたイカす佇まい。意気揚々と入店すると……どわっ、驚きのお出迎えがっ！

「イラッッッシャイマセエエエエ!!」

声でかすぎだ店員！　コの字カウンターとたくさんのテーブル席。メニューも半カレーや半チャーハンなどのセットモノが充実し、サワーなど飲むことも出来る。注文し待っている間も続々客が来てはハイテンション接客は続き、客が来るたびにビクッと反応してしまう。

あぶら～麺660円。うわっ、**チャーシューデカ！**　とにかくグチャグチャにして食べてみたが、味自体はテンションに反して結構大人しい。

油そばって、麺の湯切りをしっかりし過ぎると、スープがないから水分が足りず、口中にへばりついてなかなか嚥下《えんげ》できず、苦しい思いをしてしまう。しかしこちらは麺にヌメリがあって、

あぶら～麺、チャーシューデカ！

逆に食べ易くさせている。人によっては湯切りチャントしろといいそうだが、この方が食べやすいし、麺が味わえて好きだ。酢もラー油もかけてみたが、特に酢はフツーの酢で酸味がキツイので、自分のように一般的な酢が苦手な向きはかけすぎに注意。具はなんといってもチャーシュー。こんなに大きいと薄切りになりそうだが、そうでもない。味付けもほとんどなくて、非常にさっぱりしたトロトロ煮豚であれよという間に食べ切ってしまった。

会計の後は店員が扉を開けて送ってくれ、最後もハイテンション「アリガトウゴザイマシタ———」で店を後にした。ここよりも凝った油そばは今となってはあるだろうが、**これでいいんだよなっていう妙な吸引力**がある。あぁ、無性に食べたくなる夜が来そうで怖い。

明大前が暗渠露出ポイント

公園は、**第二~第三玉川上水公園**から**玉川上水永泉寺《えいせんじ》緑地**と、全長2㎞も続いている。ここを通ろうとした瞬間、フェンスに覆われた箇所が。立ち入り禁止の札があり、東京都水道局の文字。囲いの中はコンクリがコンモリと盛られているので、この中に水道管が埋まっていそうだ。これは匂うぞ。

さらに公園の脇道へ降りると、公園に並走する形で所々コンモリと雑草が生い茂った空き地が点在している。フェンスに覆われ、先ほどのように水道局の看板はないものの、やっぱり水道管臭い。

こいつを追って走っていると、**下高井戸橋**という古そうな石橋が現れる。永福通りに架かり、甲州街道へ出る車で非常に混雑し、歩道らしき歩道もなく撮影に難儀した。親柱の表記を見ると「昭和六年一月成」とある。戦前であったか。

この橋から東、玉川上水永泉寺緑地は非常に**野趣溢れる空堀《からぼり》**で、怖いくらい深い緑で覆われ、中が観察出来ない。仕方なく甲州街道に沿って暫く進むと、**明治大学**和泉《いずみ》校舎が見えてくる。和泉キャンパスと甲州街道の隙間にまたもやコンモリが出現。

明大のあるこの場所はかつて**徳川幕府の鉄砲弾薬等の貯蔵庫**だった。遺構はないようだが、**明大橋**の欄干が残っている。意匠の凝った立派な石橋だ。

このコンモリは水道管くさいぞ！

この明大橋もかつて玉川上水に架かっていたと思われるが、この橋跡から先は駐輪場となり、周辺の道路より駐輪場の敷地がだいぶ高くなっているので、これは水道管が埋まっているコンモリか⁉ 気になって側道に降りて見返してみると、なんとそこには**ぶっとい玉川上水の水道管が！**

真っ黒なボディに蔦が絡まり、間近で鯨の標本を見せつけられたようなダークサイド感溢れる風貌で、恐怖さえ覚えた。ちょうど京王井の頭線を跨ぐ部分が露出しており、侵入できないようフェンスが設けられたその足元は、古そうな石が等間隔に続いている。まさか暗渠区間にこんな露出箇所があったとは！

ぶっとい玉川上水の水道管が出現

明大前駅近くに、由緒正しき昔気質《かたぎ》のパン屋**大英堂製パン**を見かけたので立ち寄ってみた。

夕方という時間帯であったことも手伝って、宵闇に浮かぶショーケースの明かりがなんとも哀愁を誘う。

入ろうとすると先客がやってきて慣れた風に惣菜パンをサクッと買って行く。近隣の若い人もフツーに使っている感じが嬉しい。

店の奥から物腰の柔らかい初老のご主人らしき方が出てきて対応してくれる。ショーケースには、**スパゲティ、ポテト、エビグラタン**と男の子の脳天を直撃するキーワードが並ぶ。

そんな中から選びたるは、サーモンサンド126円。ドッグタイプのパンに鮭フライの半分に切られたものがキャベツとともに挟まれている。もうこの見た目だけでテンション上がりまくり。

サーモンサンド126円

で、喰ってみると、パンの甘いこと！　ハード系の本格派お洒落パン店が主流になって久しい昨今、自分のように町にあるパン屋の、ホンワリとした食感で甘〜い味わいが恋しいものにとって、こういう**オールドスタイルなパン**は涙が出そうなほど嬉しい。

鮭フライは、こういう惣菜パンではパサついたものが多いが、これはもう適度なジューシーさすらあって、薄いながらもそれが逆に主張しすぎず、パンとのバランスがとられている。マヨ系のソースも嫌みじゃない程度なのがいい。こんなにドストライクな惣菜パンが、しかも安価に食べられたことに感動してしまった。

後に知ったのだが、一時期は9店舗も都内に同時展開していた製パン店のグループの一つだった。1922（大正11）年に三軒茶屋に創業し、こちら明大前店は1968（昭和43）年創業。昭和初期には渋谷や四谷にも出店していたらしい。現在は下北沢にもあるらしいが、なるほど、この甘さはこの歴史の重さだったか。

今はなき、コロッセオのごとき配水池

明大前から新宿方面に少し行ったところに、玉川上水の淀橋浄水場までの中継配水池となった**和田堀《わだぼり》給水所**があった。以前は桜とつつじの時期に一般開放され、**堅牢なるコロッセオの如き一号配水池**を間近で拝むことが出来た。

以前来た時はちょうど桜の散り際で、道端や、小高い丘状の二号配水池の山肌に桜の葉がちりばめられ、それは見事な光景となっていた。

一号配水池のこの迫力を見よ！

一号配水池は１９３４（昭和９）年完成なのに対し、二号配水池は１９２４（大正13）年とこちらの方が歴史があり、都内でも2番目の古さだという。ここでも思うのだが、現代からは無駄としか思えないような意匠など細部の凝りよう、また全体としてもシルエットのスタイリッシュさったらない。日が傾きかけた**空に映える荘厳なる佇まい**が一番鑑賞には気に入ってる時間帯だった。しかしこんな素敵な場所も、２０１４年に公開は中止され、その後解体となった。

代田橋駅のスグ脇、線路下を流れる小川に**レンガ橋**が架かっている。以前から電車の窓から見下ろしていて気になっていたのだ。

行ってみると、桜の花びらが川面にビッシリと舞い降りてそれは見事な光景だった。都心から数キロとは思えない新緑の中に、**ゆずり橋**という91年造という真新しいが威風堂々とした風格漂うレンガ橋が架かっている。威風堂々とした**風格漂うレンガ色**と緑とのコントラストが見事すぎて見入ってしまった。この光景だけは当分このまま留めておいてもらいたいものだ。

この先、蛇行しながら淀橋まで道が続いているので、行ってみよう。

長かった旅も終盤　いよいよ新宿！

玉川上水は京王線に沿うように所々続く緑地帯を進み、初台《はつだい》の先、西新宿の高層ビル群が見えるあたりで都庁方面へとキュッと引き込まれるように**淀橋浄水場**に注いでいる。

淀橋浄水場は1898（明治31）年開設で、1965（昭和40）年に閉鎖。その空いた土地が再開発エリアとなり、**都庁などの高層ビル群や新宿中央公園**になった。

浄水場開設にあたり、資材運搬等の目的でJR大久保駅の辺りから**引き込み線**が敷かれていたようなのだ。大久保方面の小滝橋《おたきばし》通り辺りから大ガード交差点の北側を経由し、野村ビルと新宿センタービルの間を抜け、新宿中央公園へ至るというルート。引き込み線は1929（昭和4）年頃の地図には記されているので、戦前までは敷設されていたが、戦中か戦後に撤去されたのだろう（鉄として持っていかれた?）、1947（昭和22）年の地図には跡らしき線形は残っているものの、線路は確認できなかった。

大ガードの交差点から高層ビル群を抜ける間に、道とも言い難い空間が見える。古地図と見比べると、どうもこの辺りに線路を通したっぽい。ここには、新宿住友ビルの西側に**レンガ壁**が、浄水場の貯水プールの凹んだフチに沿うようにずーっと続いている。オフィスに勤める人々が一服するのに利用する広場になっているが、ここに淀橋浄水場で使われていた1937（昭和12）年製の**巨大な水道弁**がモニュメントとしてズドンと展示されている。近代的ビル群の狭間でまるでそこだけ時空が歪んでいるかのようだ。

ここを抜けると新宿中央公園。南側は富士見台という高台になっているのだが、これは浄水場の沈殿池を掘った時の土を盛り上げて作った山。頂上には今でも施設全体が見渡せる見学者のための展望台として作られた六角堂が残っている。

さらに新宿中央公園を外周に沿って歩いていると、かつての浄水場の名残のような**鉄門の設えてあるレンガ造りのゲート**や、貯水槽と貯水槽の間の**区割り跡らしき線形**が道路として窺えたりと、浄水場の痕跡は結構多く残っている。

新宿住友ビルのレンガ壁と水道管

カオスな食堂で水と名物丼を一杯

昭和40年代末から50年代にかけて超高層ビル群が建ち、1991（平成3）年に都庁が完成した辺りがいわゆるバブル期で、浄水場跡地脇にある**十二社《じゅうにそう》熊野神社**（玉川上水水番所《みずばんしょ》跡碑もある）の裏手に当たるエリアにも開発の手が入った。

当時〝地上げ〟という言葉が流行ったが、長屋やモルタルの木造アパートが密集するエリアで、異様なほど地価が高騰し、地上げの対象となった。黒沢清の映画『アカルイミライ』のロケ地にもなったので、フィルムに辛うじて往時の建物の姿を残している。

十二社といえば、この熊野神社近くに**十二社温泉**という浴場施設があった。東京の温泉とくれば黒湯で、本格的な温泉が楽しめるとあって古くから知られていた。近年よくあるスーパー銭湯のようなものではなく地方のボロボロの健康ランド状態で、人《ひと》気《け》のない宴会場にオッサンのカラオケが響くなど、晩年はディープスポットとして名を馳せた。しかし2009年3月29日に50年の歴史に幕を下ろした。

新宿中央公園に浄水場の名残が

そんな温泉やモルタルアパートが密集するカオスだった場所もスッカリ開発されてしまったが、道路や地形は残っている。

山手通りを横断するように遊歩道に整備された緑地帯が現れるが、明らかにかつての水路跡と見て取れる。これは**和泉川跡**で、東京オリンピック前に暗渠化された。西新宿から代田橋方面へ延びており、途中**橋跡の遺構**も残っている。

このまま水路伝いに歩いて行くと、崖地の鬱蒼とする坂の手前、モルタル2階建ての木造家屋に「中華そば」と読めるデカイ暖簾がかかっている。ここ、**とん兵衛**にちょっとした**名物の丼モノ**があるというし、こんなソソるロケーションにあっては素通りは出来まい。

入ると、カオスとしか言いようのない空間が広がっていた。薄暗い中、テレビの明かりに仄《ほの》かに浮かび上がる店内は、高齢者の個人店によくある、私物やら土産物やらがアチコチにゴチャゴチャと置かれ、**客室と控室の境界が曖昧**になっているパターン。しかし携帯アプリか何かのポスターとか音楽のフライヤーみたいなステッカーが貼ってあったりと、どこかカルチャーの風も漂っている。

自分の気配に気づいたお婆ちゃんは、一旦厨房に引っ込んでから水を出してくれた。こういう水を飲むのは少し緊張感があるが、それも含めて楽しまないと。目当ての品を注文すると、お婆ちゃんは再び厨房に籠もり、調理を始める。

その間に改めて店内を見渡す。壁の手書きのメニューを見ると、**その安さに驚きを隠せない**。焼きそば450円、チャーハン500円か。アルコールもあって、ウーロンハイ330円、酒290円と安めだが、ビールだけ大580円と高め。大瓶なら相場だろうが、とりあえずで頼む客に当て込んでるのか。婆ちゃん、抜かりないな。

そうこうしているうちに、やってきた焼肉丼500円。出てきた瞬間、おお〜っと、その盛りの美しさに思わず感嘆の声が漏れる。まさかこの厨房から出てきたとは思えない、純白の丼に盛られた艶やかに光る銀シャリ。そしてその上に並べられたきつね色に綺麗な焼き目のついた豚肉と、白く新鮮そうなネギ。全てがまとまりよく収まって、一杯としての完成度の高さを窺わせる。

これはもしかしたらもしかするぞと箸をつけると、その予想を上回る美味加減に、思わず椅子からズリ落ちそうになった。まずなんといっても米。かなり水分量が多い。これだけ多いとグチャグチャのお粥状態になりそうだが、一粒一粒しっかり立っているのだ。この柔らかい米が甘みが強くて、とにかくウマイ。なんだこれ。

とん兵衛の店内はカオスな雰囲気

それに豚肉。ワンコインにしては反則だろうという、厚みのあるもの。タマネギと一緒に炒めてあって、一味と思しき辛みが甘辛い味付けのアクセントとなっている。さらにネギがもうシャッキシャキで、噛むたびにシャキッと音がしそうな勢い。

これら全てを一緒くたに箸でかっ込むと、甘さと辛みの**絶妙すぎるワールドが口中でスパーク**する。全体にボリュームは大人しめながら、５００円とは。さらに言えばこの店で出てくるとは思えない内容に、震撼してしまうのだった。

焼肉丼 500円

自分のような何処から来たのか分からない余所者にも物腰柔らかく、かつ適度に放っておいてくれるナイス接客のお婆ちゃんに優しく見送られ、５００円しか払わないのを申し訳なく思いつつ店を後にした。

こういう店が残っているとは、街の記憶というのは開発してもなお、なんらかの形でこびり付いていて消せないものなのだろう。

コラム2

世田谷には水道関連の近代化遺産が意外と多い。意外と言っては失礼かもしれないが、成城学園前や二子《ふたこ》玉川《たまがわ》などの小洒落たイメージを持っている人が多いだろうから、古くからの田舎的な田園風景は想像しがたいかもしれない。二子玉川なんて、昨今開発される前まで駅前の幾つかの商業施設だけ栄えてるだけで、裏手に回れば銭湯があるオールドタイプの商店街に、チンチン電車が入ってるような場所で、後は延々だだっ広い緑の景色を路線バスがノンビリ走っているようなところだった。大体そういうところに水道管が通っていて、途中途中のなにもないような土地に給水塔が建てられたりするものだ。

田園都市線の駒沢大学駅に目を向けてみる。駅近くの住宅の間から、突如として中世の塔の王冠みたいな頭頂部がニョキッと突き出ているのを見かけたことはないだろうか。黒ずんだコンクリの中央部に謎の球体がハメ込まれた異様さは、一度見つけると気になって仕方なくなるだろう。

中世の塔みたいな駒沢給水塔

この**駒沢給水塔**は1999（平成11）年まで使われていて、現在は緊急時の水の備蓄施設となっている。戦前の近代化遺産として貴重ということで保存会が発足し、時折見学会が催されている。自分もそれを利用して間近で見てきたのだが、真下から見上げる恐怖感ったらない。しかも内部も見せてくれて、錆びた鎖や古くなったポンプが置かれる薄暗くだだっ広い空間は、一人で来ていたら恐怖で卒倒してしまいそうなバイオハザード状態。

にしてもこれだけデカいコンクリートの物体、壊そうにも周囲に住宅がこれだけ密集していたら不可能だと思うが、そういうことも逆に功を奏して未だその姿を拝むことが出来ている。

上）屋台屋　下）大勝庵

駒沢大学といえば、タイカレーの**ピキヌー**を真っ先に思い浮かべてしまうが、真っ赤なレッドカレーもたまには食べたくなるものの、齢《よわい》40を超えると環七と246がぶつかる上馬《かみうま》交差点脇にある**屋台屋**のラーメンの方が頭に浮かぶようになった。塩ラーメンのような透明なスープに、具がわずかなネギ以外に乗らない素ラーメンともいうべき湯麺《とんみん》というメニューがある。このシンプルさにハマってしまい、新宿三丁目に支店があった頃は頻繁に食べたものだ。今では駒沢までなかなか来られないので食べる機会は減ったが、時折無性に引き算の美学的味とビジュアルが脳裏をよぎる。

ここから二子玉川を見てみよう。駅から玉電《たまでん》の愛称で知られた路面電車が走っていた。この砧《きぬた》線の廃線跡の途中に**大勝庵**というそば屋があり、店内に玉電の運転台部分が展示されていて、お願いすれば触ることもできる。店主は鉄道マニアではなく、郷土史好きが高じたというが、一部とはいえ玉電そのまま店の中にブチ込むとは相当キている（モチロン褒め言葉です。なお、2011年にそば屋としての営業は終え、玉電と郷土の歴史館としてリニューアルオープンしたらしい）。

終点の砧本村《きぬたほんむら》（村ですよ！）は現在バス停になっているのだが、往時の玉電の駅舎を一部利用しているとも言われている。近くに**砧下浄水場**があり、関東大震災前に建てられたコンクリート建築の荘厳な面持ちの第一ポンプ場に、戦前築のレンガ造りの見事な取水ポンプ場など

砧下浄水場（撮影協力：渡辺覚）

が残っている。

砧下浄水場から東名高速を挟んだ対面にあるのが**砧浄水場**。こちらは現代的な最先端技術を用いた浄水施設となっていて、建築的な見どころはないものの、水道週間など年に何回か見学会が催され、我々の生活がどのようなもので支えられているのかがよ〜く分かる。下浄水場と併せて、近代水道の変遷を知るには恰好の施設だ。

この砧浄水場から北へ、中野方面へ向けてビヤーッと水道管を真下に埋めた**荒玉《あらたま》水道道路**がほぼ真っ直ぐに延びている。途中、川を渡るところで水道管が露出しているのが面白いが、この道を進むと、本文で触れた桜上水駅北の玉川上水とぶつかる。

この途中で、小田急線の祖師ヶ谷《そしがや》大蔵《おおくら》駅付近を通るのだが、ここに来ると**そしがや温泉21**に立ち寄りたくなってしまう。ひとっ風呂浴びたら、駅前商店街脇の**たかはし**で焼き鳥をツマみ、その並びの**こましょう**の塩つけそばで〆るなっていうのがムリな話でしょ。

上）こましょう　下）たかはし

第5章 戦争への足音が響いた町

板橋から北区へと広がった軍用地は今!?

JR埼京線
←埼玉県
北赤羽
17
中山道
旧陸軍第一師団
工兵第一大隊跡
(現 星美学園)
八幡神社
赤羽台団地
師団坂
荒川
桐ヶ丘団地
赤羽
引込線跡
(現 赤羽緑道公園)
GOAL
稲付城跡
JR京浜東北線
隅田川
旧火薬庫跡
(現歯科技工専門学校)
板橋本町
十条
東十条
旧陸軍第一武器
造兵廠跡
(現 北区立図書館)
仲宿商店街
環七
陸上自衛隊
十条駐屯地
START
石神井川
加賀橋
旧陸軍本部跡
(現 北区中央公園)
旧陸軍二造跡
(現 加賀公園)
金沢橋
王子
日暮里→
旧陸軍一造
滝野川工場跡
(現 滝野川3丁目団地)
板橋
↓池袋

火薬工場跡ズラリ

第1章では板橋区の宿場町だった仲宿から歴史を辿るように散策したが、本章では**仲宿の起点から北区へ**向けて歩いてみよう。

仲宿商店街の裏手、一歩路地を入ると入り組んだ路地空間が形成されている。知らなければ迷い込んで出てこられなそうな、「ぬけられます」と看板の出た向島の赤線跡（第七章で詳述）も真っ青の迷宮っぷり。でもそこはあえて、迷い込みたい。幾つかは新築も見受けられるが、道幅が狭いので建て替えも出来ないであろう、昭和の香りがする木造の単身モルタルアパートや平屋が、庇がひっつきそうなほどひしめき合っている。

民家脇に突き出した謎の柱

　路地を当て所《ど》もなくウネウネと歩いていると、**謎の柱**が民家脇に突き出している。この先、かなり古い黒ずんだコンクリート壁が出現した。その足元には、高さ30～50㎝くらいの石が道端に埋まっている。知らずに蹴つまずいてしまいそうだが、鉄道や公共施設などの境界を表すのにこういつた境界石を埋めることがある。もつと小さいが、私有地と公有道路を分ける部分にも、矢印の書かれた小さな四角形のプレートを見かけたことがあると思う。あれのデカい版。実はこの辺り、戦前まで日本軍関連の施設が多くあり、その頃の**軍事境界石**なのだ。

「陸軍用地」と書かれている

板橋区にはJR埼京線の十条駅と板橋駅の中程に**加賀**という地名がある。江戸時代、参勤交代で**加賀藩前田家**がこの一帯を**下屋敷**にした土地で、界隈にはそのものズバリの「金沢」など石川県に因《ちな》む名称が随所に残っている。

幕末には銃の訓練や大砲の製造が行われ、その流れを受けてか、明治以後、下屋敷の7割方は軍用地となり、火薬の製造工場が置かれた。特に**石神井川沿い**は、川の水力を使って弾薬に用いる火薬を磨り潰す圧磨機《あつまき》を回していたので、転用された**火薬工場跡**が多く残っている。謎の柱は工場側壁の支柱部分の残骸と言われている。

春になれば石神井川沿いにズラリと植えられた桜の木が、一斉に花を咲かせる。軍用地として血塗られた歴史の土地に桜が満開とは、梶井基次郎《かじいもとじろう》のように「桜の樹の下には屍体が埋まっている」なんて想像してしまう。皮肉というかなんというか。恐ろしいほど妖艶に鮮やかに桜吹雪が舞い散り、濃い藍の川面をビッシリと花びらが覆う。沿道は整備されているが場所取りをするほど広くなく、近隣の通行人が花を愛でる程度で人もまばら。狂ったように咲き乱れる景色をノンビリとほぼ独り占めできる穴場スポットで、個人的にも春になるとよく花見がてら散策に来る。

その川沿いのマンション脇に、突如として**レンガ工場の入口部分のみ**が、ノシイカのようにペラリと寝そべっている。戦跡の遺構として、こんな酷い保存方法、見たことがない。これは工場の解体時に、モニュメントとして後世に残すべく作られた

レンガ工場の入口が寝そべる

ものらしいが、ほかにやり方はなかったのか。しかも、実際の赤レンガ遺構は頭頂部だけで、ほかはあとから作った模造品という。お粗末極まりない……が、そこが板橋っぽくてニクめないのだが。

川沿いにはほかに往時の雰囲気を漂わせる遺構が残っている。遊歩道脇には歳月を経て黒ずんだレンガ塀がいくつも、嫌でも目に付く。中でも加賀橋の袂にある火薬庫跡、歯科技工専門学校の一部校舎は、南国趣味の樹木とともに、コンクリートの黒ずみによって、異様さを際立たせている。

庫内は改装され、卓球台などが並んでいたので、専門学校の体育館かレクリエーション施設となっているようだが、自転車置き場だけ往時の姿が残されていた。チープな表現で申し訳ないが、戦争映画のセットのごとく、市民が避難していそうな空間だった。焼けただれた肌のような壁面を窓からの明かりが照らす空間。先ほどの満開の桜とは真逆のような、ひんやりと冷たい空気が充満していた。宵闇に浮かび上がる**火薬庫跡をバックに夜桜見物**もまた感慨深いかもと、なんだか思えてきてしまう。爆弾は檸檬ではな

加賀橋の袂、歯科技工専門学校

く本物の弾丸だったわけだ。

花椒に加え酢、激ウマ中華

石神井川から少し離れた住宅街に、本格四川料理で名を馳せた栄児《ロンアール》家庭料理があった。

交差点脇にポツンと明かりの灯る、一見カフェ風の可愛らしい佇まいが目を引く。入店するや否や、女将がいきなりまくし立てる。「いつも予約しないと入れない」「今日初めて？　ラッキーだったヨ」「コレ、ウチ載ってる本」「なにする？」「新作のサラダ。これオススメ」「あとナス。みんなコレ食べる」……こういう店は**店のペースに身を任せる**のが一番。言われるがままに従う。

まずは燕京《えんきょう》ビール500円で乾杯。飲むなりハッピーカムカムってな具合にヨイショッと陽気に呷る。この後スグにきた新作サラダだが、これがもう食べて驚いた！　ただ野菜をカッ

素揚げの唐辛子が旨すぎる！

トしたのに唐辛子を乗せただけにあらず。この唐辛子は素揚げにされており、一緒に揚げられたナッツがもうカリッカリで、結構なボリュームながら箸が止まらない。

続いて蒸しナス１３００円。これまたデカい俵型のナスに、ザーサイにネギなど香味野菜のみじん切りと麻《マー》（＝花椒《ホワジャオ》）を混ぜたのがこんもりと乗っている。箸で簡単にほぐれるナスと野菜のサクサク感に適度な辛さが乗っかって、これまた箸が止まらない。

ここの味のポイントは花椒ではあるが、それに加え酢がポイント。刺激的でなくまったりとしたコクのあるトロみが花椒や唐辛子の痺れの後にしばらく舌にまとわり付いて離れない。

ひとまず小休止していると皿を下げに来た女将、平らげた皿を見て「まぁ～キレイに食べてくれて、唐辛子まで全部！」と言ってくれたが、ここで辛いのが平気と思われてしまうと、この手の店は次のオーダーでうんと辛くされてしまう危険性があるので、そんなでもないことを必死にアピールしておく。

で、**メインの麻婆豆腐**１１００円をオーダー。ラー油多めに浸った豆腐。花椒もガッツリ効いている。ベースの味付けはさっきのナスと一緒。酢がまったりとして後を引く。

〆は、**汁なし担々麺**小550円。まずは、女将の「混ぜて食べてー」という指導を無視しパーツごとに食べてみたが、これまでの料理の印象と変わらず。しかし、一旦混ぜてみると、**なんで、なんで、なんで味変わるかー⁉**　フツーの中華麺がなんでかシャキッとしてきて、もう、なんつーか説明不可能。味は一緒のはずなのに、辛さとまったり感と麺が渾然一体となって口中でよく分からない味に昇華する。うわぁっ、スゲー。

コイツはまた来ると踏んだのだろう、女将は帰りしなも延々話し続け、「次から電話してね」と差し出されたカードを受け取り店を後にした。

少々贅沢してしまったが、たまに食べるならこういう店で食べたい。と思っていたら、支店展開した後、ここ本店は閉めてしまった。しかし最近になって、ここから間もない三田線の新板橋駅近くに、厨房にいた方が**粒粒香**《リリシャン》という店を出した。味が街に残ってくれるのはなんとも嬉しい限りだ。

「二造」を経て北区に突入

再び石神井川に戻ったところに、**金沢橋**という往時の名を残す橋が架かっている。

この脇にある公園が、**加賀公園**とこれまた金沢に因んだ名となっている。この一帯は火薬製造所の後に東京**第二陸軍造兵廠**《ぞうへいしょう》（造兵＝兵器、廠＝工場。通称：二造《にぞう》）となったエリア。公園は中心部が小高い山になっており、階段状の斜面にはレンガが一部埋まっていた。

公園に隣接する財団法人野口研究所にも遺構が存在する。公園との境界の壁もなにやらきな臭い。公園内には火薬工場時代に発射場の標的となったレンガ壁が残っている。野口研究所内から火薬実験で速度等を測定するために発射された弾丸がここに当てられた。

さらに川沿いから野口研究所の敷地内を覗くと、あるわあるわ。それらしい**黒ずんだ工場の数々**。コンクリで覆われているが、内部はレンガ造りで、コンクリで補強されているという。

金沢橋の先、ＪＲ埼京線の下を潜った先で北区に入る。

暫く石神井川に沿って歩いていると、何棟もの団地が並ぶ一角が。**都営滝野川３丁目アパート**は15号棟まで存在する巨大団地群。ここにはかつての**東京第一陸軍造兵廠**（通称：一造《いちぞう》）の滝野川工場があった。

寮の壁際に陸軍時代の軍事境界石が。文字は判別しづらいが、土台がついてしっかり保存されている。軍事境界がそのまま現在の境界にもなっている様子。

向かいに城壁のようにそびえるのが第二団地。第二には1階に団地テナントが並び、その中に実にいい面構えの町中華を発見した。

上）工場跡　下）滝野川アパート

この**屯屯**《トントン》、町場のしっとりチャーハン好きにはなんともグッとくる佇まい。入店前から**チャーハン宣言**してしまうが、こういう店では特別に目を引くものがない限りチャーハンと決めている。この何気ない感じは、チャーハン当たりを予感させるには十分すぎる。

中華チックな幾何学模様の雷文の入った扉を開けると、白を貴重とした空間が広がる。４人がけのテーブルのほか、皿が回る大きな丸テーブルもあり、かなりのキャパがある。パッと見、ちょっとした高級中華料理店的な調度となっているが、まぁアチコチにスポーツ新聞は散らばってるし、毎度おなじみ『静かなるドン』を主体にマンガ棚は充実してるわで、町の中華屋として隙がない。にしても店の人の出てくる様子がない。私物らしきモノが散乱する奥の方へ声をかけると、「あ、ハイいらっしゃい」なんて奥様らしき方が白い割烹着で出てきた。
注文は宣言通りチャーハンではあるのだけど、ちょっと気になるものを見つけた。オーダーを告げると、ご主人だろう、軽快に鍋を振るう音が聞こえ始める。

で、やってきたのは**カレーチャーハン**640円。ドライカレーじゃなくてカレーチャーハン。しかもノーマルチャーハンと同額ってのが嬉しい。ご飯は水ッ気がやや抜けてて少々塊になり、油ッ気もあまりないのだけど、カレー粉がまんべんなく混ざり、玉子がホクホクでソフト。多分フツーのカレー粉だと思うんだけど、辛い!という辛さでなく、ジンワリとピリピリとご飯の甘みにアクセントを付けてきて、定番の味を壊していないところに好感が持てる。

分量もそこそこ多めで、この内容で久々にカレーチャーハンが味わえればもう十分。それに**銀の受け皿**に乗ってき

銀の受け皿が嬉しい

たのがポイント高いしね。やっぱ**団地下の中華屋**はこうでないと！

軍の遺構はまだまだ続くよ

ここから石神井川を越えて北へ行ったところに、**北区中央公園**がある。入ると、真正面に白亜の、大学の講堂や教会を思わせるようなモダンな建物が現れる。現在は区の文化センターとなっているが、この一帯に広がっていた**東京陸軍一造の本部**として1930（昭和5）年に建てられた。

戦後米軍に接収され、1961（昭和36）年にキャンプ王子、1968（昭和43）年のベトナム戦争の激化に伴い米軍王子野戦病院となった。その3年後の**1971（昭和46）年に日本に返還**されたというのだから、結構最近の話でビックリする。

建物のシルエットはシンプルでいかにも軍施設という感じだが、よくよく細部を見てみると、正面玄関上や2階窓の半円状の形や、屋上の手摺り部分の細かな意匠がかわいらしく凝っている。

また内部も簡素ながら天井が高く贅沢な造り。2階へと向かう中央階段踊り場にあるスリット状の縦長窓から眺める、内と外との光と影のコントラストが実に美しい。

とはいえ、実際には公民館的に利用されており、区の催し物のポスターがペタペタと貼られている。白雪姫のミュージカルと杉山清貴の単色ポスターがなんとも眩しく映った。

中央公園の北側は現在、**自衛隊の十条駐屯地**が置かれている。その敷地の一角に、結構最近まで一造の頃のレンガ造りの工場が放置されていた。正式名称は、**東京砲兵工廠統包製造所**。１９０５（明治38）年に小石川から移転してきて、旧陸軍の兵器工場の中枢として機能した。戦後はこちらも米軍に接収され、１９４０（昭和15）年には東京第一陸軍造兵廠第一製造所と名前を変えたが、１９５８（昭和33）年に返還。その時点でこうしたレンガ造りの工場が40棟以上残っていたという。

初めて訪れた時は廃墟同然の状態で、いきなり東京の町中に**レンガ廃墟**が姿を現す光景は、異様以外の何物でもなかった。夜に遭遇した時は恐怖で近づくことさえ出来ないほどだった。

しかし現在は立派な**区立図書館**として生まれ変わった。これ

意匠が凝っている王子野戦病院

がなかなか粋なリニューアルで、外壁に一造の圧倒的な重厚感を残したのみならず、窓ガラスを大きく取ることで、外からも内部のレンガ造りの柱や梁といった遺構部分が拝めるという、心憎い演出がなされている。廃墟だった頃よりも近くで戦争遺跡を見つめられる造りには感嘆するばかりだ。わかってるな、北区！

館内にはカフェが併設されており、なんと、まったりとヒーコーなんぞを啜りながらレンガ壁を拝めるのだ。それもチャチな区役所の食堂レベルのものではなく（それはそれで好きだが）、白金に本店を置く歴とした

図書館になる前の東京砲兵工廠統包製造所の姿

パティスリーが運営している。そこは北区内の洋菓子屋でいい気もするが。**アトリエ・ド・リーブ　赤煉瓦Cafe**といって、図書館入口すぐ右手にある。黒板の手書きメニューがカフェっぽい。入ると係員が案内してくれる。スタンドコーヒー店よりレストランに近い形態のようだ。

　館内は新たに内壁が貼られ、往時の姿は見る影もないと思いきや、天井に鉄筋が渡してあり、よく見るとだいぶ錆びている。これは昔のものを流用しているのだろう。

　注文してからちょっとかかって、チーズドッグ＋コーヒー５３０円がやってきた。コーヒーはセットで50円引きとなる。ちょっと休むには丁度いい値段。

天井の鉄筋に注目

　チーズドッグと言っても原宿ドッグ的な網模様のものではなく、ホットドッグにチーズをかけたもの。別段フツーの細めのソーセージにドッグパンの組み合わせで、パンはいわゆるハード系のいまどきのパン屋の味なのだが、中はホンワリとソフトに焼きあがり、しっかりとした食べ応えに柔らかさを兼ね備えたなかなかのもの。コーヒーはマシン抽出だろうが、粉っぽくなく、酸っぱくもないもので甘みもあって悪くない。

公共施設でも値段に見合ったしっかりしたものが出てくるようになったのかと、隔世の感は否めないが、昔ながらの**市役所のしょぼい食堂の哀愁**が恋しくもあった。

コスパすごすぎのとんかつ定食

駐屯地前の車通りに、かつ重500円というインパクト大の貼り紙を掲げるとんかつ屋、**水泉**《すいせん》がある。定食屋の一品ではない。まごう事なきとんかつ屋でこの価格なのだ。なにか不安になるくらいの数字だが、これは試してみるほかあるまい。

入店すると小料理屋のような和風な空間が広がる。とはいえ、かしこまった感じはなく、どことなく雑然とした雰囲気が、居心地をよくしてくれる。

女店主が一人でキリモリしているようで、そのファンなのか、常連と思しき若い男性二人がカウンターで酒を飲みつつ懸命に話をふっている。そんなのをBGMに卓上に置かれたメニューを眺めていると、酒のツマミもありつつ、あくまでメインはかつのバリエーションにエビフライなど**とんかつ屋としての意気**を感じさせるものがデンと並んでいる。なんだかかつ重だけで帰るには申し訳なくなってきたので、定番であろうとんかつ定食を頂くことに。それでも680円って安すぎなんだけどね。

待つことしばし。もうこれがエライこっちゃ。テーブルほぼ一杯に置かれたお盆には、大きなとんかつ。もう一つ、お櫃《ひつ》のようなものに入った特製とんかつソースがなんとも存在感がある。これがかなりトロミのある濃厚ソースながら、ドロソースにありがちなカツの仕上がりと味をブチ壊すようなものになっていないのが嬉しい。適度な酸味と若干のスパイシーさで、肉や衣に染みこみすぎず、絶妙な塩梅を保っている。

ボリュームが半端じゃない！

これと合わせるようにとんかつ自体も、なにか突出した素材やインパクトを誇るものではなく、見事に**期待しているちょっと上を行く感じ**でまとまっている。ハードながらガリガリになりすぎない揚げ。さっぱりとして、仄かな甘みを感じさせる豚肉。やや水っぽいが食べやすいキャベツに、適度な味付けの濃さの煮物。

ちょうどいい硬さのご飯に、しょっぱすぎない味噌汁。見た目よりもあっさりと完食できたとんかつながら、量も多すぎず、絶妙な満足感を与えてくれる。

これが680円というのだから驚きとしか言いようがないが、**気持ちよくお金を払える**し、もうちょっと何か頼もうかなという気にもさせてくれる。とはいえ、カウンターの二人は酒とちょっとしたツマミだけで自分より安い値段で上げているのだから恐れいる。一人は自衛官なのか知らないが寮住まいのようで、店主に門限を気にされる始末。この様子ならかつ重だけでも頼めそうかな……いや、せめて大盛りが出来るか確かめてからにするとしよう。

普通の公園かと思いきや……

駐屯地の北東の端に、三叉路があるのだが、ここから分かれる細い路地が**旧岩槻《いわつき》街道**。江戸の街道らしく、周囲は**木造下見板《したみいた》張りの民家**や**看板建築**が密集してくる。しかし多くの旧街道沿い同様、現代の交通事情にそぐわず、細い道を自動車が行き交う、散策には向かない**酷道《こくどう》**と化している。

東十条駅に近づくと、小学校の裏手、文房具屋なんかがあるところに、**中十条公園《なかじゅうじょう》**というフツーの町の公園がある。でも実は普通じゃない。中央部分がなんだかこんもり山状になっている異様さに気づく。鳥居なんかもあって、かしこまった感じがする。これは**富士塚**だな、と前々から気になっていたが、やはりそうであった。

江戸時代は富士山信仰が根強く、神々の宿る霊験あらたかな霊山として、富士山は庶民の信仰の対象となっていた。しかし車も鉄道もない時代、おいそれと登山することもできず、人々は町角に**ミニチュア富士山**を作って富士山に登ったことにしていた。こうした富士塚、富士講は今でも都内で幾つか見ることができる。

そんなに富士塚を見て回ってるわけではないが、それでもなかなかな規模の富士塚だと思う。構えもどっしりしてるし、登りがいがある。それにしても日本はおろかアジアには、こうしたやってもないのにやったことにしてしまうチョンボ信仰が結構ある。一つ回すだけで千回お経を読んだことにするものとか。こういういい加減な風土は嫌いではない。なにかと揚げ足を取る現代社会にも応用してもらいたい。

ミニチュア富士山こと富士塚

富士塚の先はもう東十条駅だ。ＪＲ京浜東北線は**武蔵野台地の縁**《ふち》を走っていて、旧岩槻街道が台地の上で、東十条駅の反対口に降りると崖下となっている。東口に降りると、街道側の切り立つ崖がよく見える。

東口は商店街が発展していて、**演歌専門のレコード店**など、赤羽が近いなぁという雰囲気を醸し出しているが、この十条界隈の限られたエリアに、ローカルフード「**からし焼き**」なるものが存在する。

「からし焼き」、ご存知ですか？

からし焼きとはなんなのかっつーと、肉豆腐に唐辛子とニンニクを混ぜて炒めたってだけの代物。こう聞くと、誰でも考えられそうな料理なのだが、これが不思議な魔力を秘めている。甘辛い味付けで、ご飯にも合うし酒の肴でもイケる、**妙なジャンキーさがある**のだ。

その元祖、**とん八**は、白い暖簾が掛かる老舗らしい簡素な佇まい。間口は狭く、入ると想像以上に鰻の寝床。老夫婦と思しき2人で仲睦まじく営んでいる。席はL字カウンターのみで、席の背後はスグ壁という状況で、客同士仲良く譲り合う光景が

狂暴的に米と合う「からし焼き」

毎夜繰り広げられる。

厨房の限られたスペースでオヤジさんが立ち回られており、注文が入ると一心不乱に小さなコンロで鍋を振るい始める。常に腰を曲げっぱなしの姿勢を保たねばならないようで、その姿は職人そのものであり、長年のキャリアが一気に現出する瞬間だ。時折、小指を入れて味見をするのだが、それを何度も繰り返すのはご愛嬌。一部では**〝小指の想い出〟**と呼ばれ愛される高等テクニックだ。

さて、自分の分のからし焼き750円が運ばれてきた。焼かれた豚肉の肉々しさと甘じょっぱい醬油ダレの効いた味で、特にタレの醬油と一味の辛さが立って、エッジの効いたパンチのある味わいに仕上がっている。

それにすりおろしたニンニクが予想外の効果を発揮し、タレと炒め汁を絶妙に混ざり合わせている。さらに汁自体にザラッとした食感があって、色んなものが溶け込んでるような**深いコク**を感じる。豚肉からの油の甘みだけでない満足感を与えているように思うのだが、この深みが元祖たる所以《ゆえん》な気がしてならない。

結構ニンニク臭がキツイのでブレスケア必携だが、こんなに**凶暴的に米と合う**料理もない。オヤジさんが何度も味見するので、営業終了時間に近づくに連れ、味が濃くなっていく。最近はかつて昼営業を任されていた息子さんが主に厨房に立つようになった。これで逆に味が安定した気もするが、必殺技が拝めなくなる寂しさもある。しかし味はオヤジさん譲りなので、これからも安心して元祖からし焼きが味わえそうだ。

引き込み線の廃線跡をたどる

再び崖上に戻り、旧岩槻街道を進むと、環七を越えた先、道は急激な長い下り坂となる。この坂を下ったところ、ＪＲの高架下スペースを活かす形で、スーパー銭湯の**河童天国**が入っていた。

一時は運び湯で温泉を用いたり、電車が間近で見られる大きな窓を設けるなど趣向を凝らしたにもかかわらず、経営が変わりリニューアルするもあえなく閉店してしまった。ゲームコーナーや、リクライニングチェアが沢山あったりと、施設としては都内の温泉スパというより店名からも察せられるように昭和の健康ランドチック。そこが気に入っていたのだが、いかんせん設備の古さは否めず、値段も高めとあってイマヒトツ賑わわなかったのが残念だ。この坂を通るたび河童天国を思い出し、切なくなってしまう。

この辺りは稲村とよばれ、台地の上には**稲付城**《いなつけ》が太田道灌によって築城されていた。現在、赤羽西と表記されるエリアは高台というかほとんどが山で、西が丘にかけて急な坂がいくつも続いている。この一帯にかつて陸軍の工場があり、それらに物資を運ぶ**引き込み線**があったという。廃線跡の始点を探しに、赤羽駅の北側に回ろう。

飲み屋でごった返す**赤羽一番街**を抜けると、駅前の繁華街から離れているにもかかわらず、細い路地にスナックがひしめきあう一角が存在する。

ここを抜けた先に、JR高架のアンダーパスがあり、これを潜ると線路に沿ってビヤーッと急勾配の坂が延びている。山頂に位置する星美《せいび》学園へと至るこの**師団坂**《しだんざか》は、その名のキナ臭さの通り、帝国陸軍第一師団工兵第一大隊への坂ということで名付けられた。**この手の山には神社があるっつー**のが相場で、八幡神社の鳥居から、赤羽に点在した陸軍施設を結ぶ**軍用特殊鉄道線**（通称・引き込み線）の跡がスタートしている。

いきなり砂利道で廃線趣味漂ういい塩梅ながら、遊歩道かなにかの造成中なのだろう、草ボーボーの土地はフェンスで覆われ重機が稼働している。フェンス内にプレートが立っており、みると東京都の所有地となっている。

この先は遊歩道として整備されている。北区立赤羽緑道公園と命名されており、歩道の一部は線路を模しているものの、遺構は存在しない。が、周囲の物件を見渡せば、おおっ、緑の狭間からヤレたトタンがいい感じに葺いている平屋建ての工場や民家があるじゃないですか。足元の舗装を見るとゲンナリするので、周囲をキョロキョロ見渡しながら歩くと、なんとなくだがこの土地の本来の空気が感じられなくもない。

しばらくすると、ところどころ黒ずんだ灰色の石垣のような物体が登場。こりゃ遂に遺構か!?と思いきや、赤羽駅西口から延びる道路を跨ぐ歩道橋だった。しかしこの歩道橋、ムダにしっかりした造りで、石積みの上がレンガになっている。表面を張っただけかもしれないが、なかなか圧迫感があり、手摺りの鉄柵にはここを走っていただろう軽便鉄道（トロッコ）の車輪がかたどられてもいる。

歩道橋を渡ると、**幾重にも連なる団地**が一

歩道橋とそこからの景色

望できる。これは絶景！　今いる場所は**赤羽台団地**北側に沿い、緑道はこの先**桐ヶ丘団地**を突っ切る。この広大な団地の敷地は当然軍用地跡で、赤羽台団地は被服本廠、桐ヶ丘の方は火薬庫と大まかに分類できる。目の前に広がっているのは桐ヶ丘団地。これが全部かどうか知らないが、火薬庫だったかと想像するだにゾゾッとくるものがある。

さらに廃線跡を進む。途中児童遊具施設だろう、なんでかSLを模した木のオブジェや藤棚的な花壇になると思しき鉄柵が錆び付き放置状態になっている。しばらくするとまた緑の間に民家が見えてきて、**錆びトタンの納屋やバラック小屋**まであった。こりゃ錆びマニアには恰好の舗道だな。

錆びトタン好きにはたまらない

この先は比較的新しめの低層のアパートが続き、かつて引き込み線に架かっていた鉄橋のモニュメントを過ぎると、赤羽自然観察園に突き当たり、廃線跡は終わる。観察園とその先、オリンピック選手の強化合宿が行われることでも知られる国立スポーツ科学センターまでは兵器庫が続いていた。

というわけで、先ほど見えた桐ヶ丘団地に商店街が残っているので、寄ってみよう。

団地テナントで生姜焼きを

桐ヶ丘商店街と書かれたアパートの1階部分。昔ながらのおもちゃ屋や惣菜屋が点在する裏手にも団地にへばり付くようにそば屋などが軒を連ねている。その中に**喫茶ラック**はある。

1970～80年代っぽいPOPな外観で、イメージ的にはキャッツアイとかタッチの南風的な明るい色合いで店内も統一されている。だいたい気さくでちょっとシャレた夫婦なんかがやっていたりするが、こちらもご多分に漏れずサーブその他補助を奥方と思しきご婦人が行い、ご主人が調理を担当している。自分のようなフリの客がわざわざやってくることも稀で、毎日常連客で店の方も慣れきっているのだろう。店内はアンニュイな昼下がりといった空気で満ちている。だからって一見に冷たいとかいうわけではない。適度に放っておいてくれる、**この空間がイイ**のだ。

今日のサービス定食があったのでそれにする。久々に週刊少

喫茶店で生姜焼き＋ご飯と味噌汁

年ジャンプなんぞをパラパラめくっているこの瞬間が最高にダルくていい。新聞・週刊誌のほか、マンガ雑誌のストックも多い。ジャンプと一緒に週刊モーニングもラックから持ってきたが、モーニングに移る前に食事が出てきてしまった。

サービス定食（豚肉生姜焼き）６００円。**赤羽価格とでも言うべき安さ**にまず驚くが、それ以上に、喫茶店でご飯と味噌汁というコンビネーションに刮目したい。さすがにライスは皿盛りだが、箸で食うから味噌汁も付けるという感覚が、**昭和からの団地テナントらしさ**を漂わせる。

豚肉は十分な厚みがあり、しっかりと炒められた上にかなり濃い辛めの味付け。生姜がガツンと効いたタイプではないが、口に運んだ瞬間、豚肉独特の甘みとタレの甘辛さが一気に押し寄せてくる。この炒め具合といい、かなり**お母さんテイスト**。

サラダも瑞々しく、しかも量が多い。マカロニサラダというのも男子チックでいい。でもなんで、肉を焼いて出た汁と、残ったソースと、マカロニのマヨが合わさったところって、こんなにウマイんだろう？

そんなんをご飯に当てて食べるってのが、これまた醍醐味。合間に味噌汁をズズーッと遠慮なく啜るってところに、なにも考えずに食事が出来る幸せを感じる。

実はこの店、その後**カラオケ喫茶にリニューアル**し、それ以後、足が遠ざかってしまった。街の客層に合った店に変えるのは正解だと思うので、団地取り壊しの噂も耳にする昨今、出来る限り続けていただきたい。

マンモス団地の奇跡

桐ヶ丘団地中央商店街

桐ヶ丘団地は、1954（昭和29）～1976（昭和51）年と長きにわたり建設が続き、総戸数は5020戸に及ぶ文字通りのマンモス団地。昨今建て替えが進み、さらに住民の高齢化に伴い需要が減る中、未だ**団地内マーケット**が現存しているのは奇跡といっていい。

ラックのほかには、パン店を兼業したお菓子屋さんの軒先にはガチャガチャが並び、オレンジのアップライト筐体が未だ稼働し、10円ゲームまで残っている。おもちゃ屋の前にはこれまたガチャガチャが並ぶのだが、その裏に飛行機などを模した乗り物、ムーバーが塗装が剝げつつも複数台稼働するようだ。

超久々にガチャガチャをやってみた。昔の**パチモン臭いガチャ**は10～20円が相場だったが、今は100円からしかない。トランシーバーが当たるのがあったのでそれにしてみたが見事ハズレ。サッカーボールを模したスーパーボール的なものだった。大の大人としてはサスガに要らないので、学校帰りの小学生にあげたら、思いっきり不審者扱いされた。その割には喜んで遊んでいたが、こんなんで嬉しいってのは今の子供も本質は昔の子供と変わってないんだな。

その他シャッターを下ろした商店が目立つも、激安の惣菜屋など、自分がかつて当たり前だと思っていた風景が今も当たり前にあった。改めて思うのだけど、やはり天ぷらは惣菜屋、パンはパン屋でそれぞれ買うものだなぁと。作り手の顔が見られるからね。大人が働いてる姿が見える。ここいらの子供はまだ幸せだと思うのだった。

桐ヶ丘と並んでマンモス団地の双璧は赤羽台団地。1963（昭和38）年完成、全戸数3373戸という、昭和30年代の代表的アパート群。当時としては最先端の洋式トイレ・ダイニングが完備され、当然賃料も高い、**憧れのアパートライフ**だった。その入居倍率の高さは今でも語り草になっている。

引き込み線の途切れた赤羽自然観察公園から、これまで歩いてきた廃線跡とは別に、被服本廠であった赤羽台団地へと延びる引き込み線があった。

赤羽台団地を囲む南側の道が、大地の斜面に沿って緩くカーブしている。立地的にもこのラインくらいしか線路を引けないんじゃないだろうか。それくらい**この辺の高低差は相当なもの。**

そのカーブに沿って団地内を歩くと、**低層のこぢんまりとした団地**が点々と続いている。**上空から見ると星型に見える**ことから、**別名スターハウス**と呼ばれる、団地マニアの間でも人気の高い物件。厳密に言えば五芒星ではなくY型をしている。

赤羽台団地のスターハウス

そのせり出した部分の南側は日当たりを考慮した設計がされ、日中はどこからも日が当たるようになっている。しかし、1棟4～5階建てで1フロアにつき3室のみと、多くの住宅を効率よく詰め込むアパートの思想に反している。複雑な形状も手伝って、そう多く建設されることはなかった。団地の中では一際、空間を贅沢に利用した、このムダ加減がやはり一番の魅力だろう。

赤羽台にしろ桐ヶ丘にしろ、老朽化から再生計画が立ち上がり、いまスクラップ・アンド・ビルドの真っ最中。この時は16〜19号棟が取り壊されていた。スターハウスは見た目にも新しそうだからすぐ取り壊されないだろうが、隣接する20号棟はかなり黒シミが広がる頽廃具合だ。

さらに赤羽駅方面へと歩を進めると、8号棟・5号棟と号数が小さくなる。これを過ぎると赤羽駅の線路脇に出る。この手前にあるのが1号棟。さほど古さは感じないが、**レンガパターンのダストシュート**と、所々にある**コンクリの黒ズミ**が時代感を漂わせてはいる。

ダストシュートが印象的

ここもじきに取り壊されるようで、住民がかつて生活をともにしたテレビやぬいぐるみといった粗大ごみが無残な形で置かれていた。

驚異の安さ！　センベロ立ち飲み

生活のカケラに思いを馳せる間もなく赤羽駅西口に到着。今日の行程を振り返りながら、軽く飲んで帰るとしよう。となると立ち飲みがいいな。だったら、**いこい**でしょ。

入って左手が**コの字カウンター**で、右手に数名で囲むような箱型席がある。コの字の方は常連が多いのだが、入店するとほぼ同時に店のニイチャンからコの字の奥に行くよう促された。客のオッサンの背中を避けるようにカニ歩き気味に壁伝いに奥に行く。

この過程でもなんとなく気づいていたが、客がほぼ全員、ハンチング被ったギャンブル場に居るような雰囲気のオッチャンばかり。喫煙可だが灰皿はなく、床に吸い殻を捨てるという驚きのシステム！　みな一人で俯き加減とあって、ここでの写真撮影は控えさせて頂く。

半ば強制的に店員から飲み物のオーダーを迫られる。かなりこちらの動きを店側から決められる感じで、対応悪く思う向きもあるかもしれないが、これは店側が客を判断し、最良のポジションに置くような気遣いなのだろう。いわゆるお客様お客様な接客ではない。

ハイボールがあったので頼んだが、**180円**という驚異の安さ。ここは注文が来る都度会計するシステムで、お金を出しておくと釣銭が返ってくる。明朗会計。ハイボールは無色透明で、単なる焼酎の炭酸割り、下町ハイボール系か。とにかくスッキリした飲み口で焼酎も濃く、**手っ取り早く酔う**ための飲み物だ。

煮込みも**110円**とビックリ。小さめだが酒のアテとしては最良。煮詰まった濃さがタマラナイ。

次いで焼き物を、とり皮とかナンコツ、カシラあたりに決めた。一皿220円で、ものによって2本だったり3本だったりする。1本が大ぶりで、食べ応えがある。なかなかジューシーで肉々しく、想像以上のデキ。

この後テキトーにつまんで、天ぷらなんか作り置きで悪くないけど、そういうのも含めてアリ。まさに立ち飲みの王道、飲んでちょっとつまんで30分チョイ、700円くらいの出費で店を後にした。

まさに**千円でベロベロことセンベロ**が可能。本当に酒好きがプラッと立ち寄る領域についに踏み込んでしまったなぁという感慨も深いが、それよりなにより、ここでないと居づらい人々が集う世界というのがしっかりと息づいていることに感銘を覚えるのだった。

その後、いこいは移転し、近隣の主婦の団体も立ち飲むような店になって、この頃の面影は薄れてしまった。

しかし、戦前の軍都から戦後闇市を経て団地型ニューファミリー、そして団地から建て替わったマンション住民、さらに今は遠くから来た飲み屋街の雰囲気を求める人々も受け入れる。そんな赤羽という土地の懐の深さを見た気がした。

第６章
戦中から戦後へ

空襲からドヤ、ちょんの間と経た
横浜ストーリー

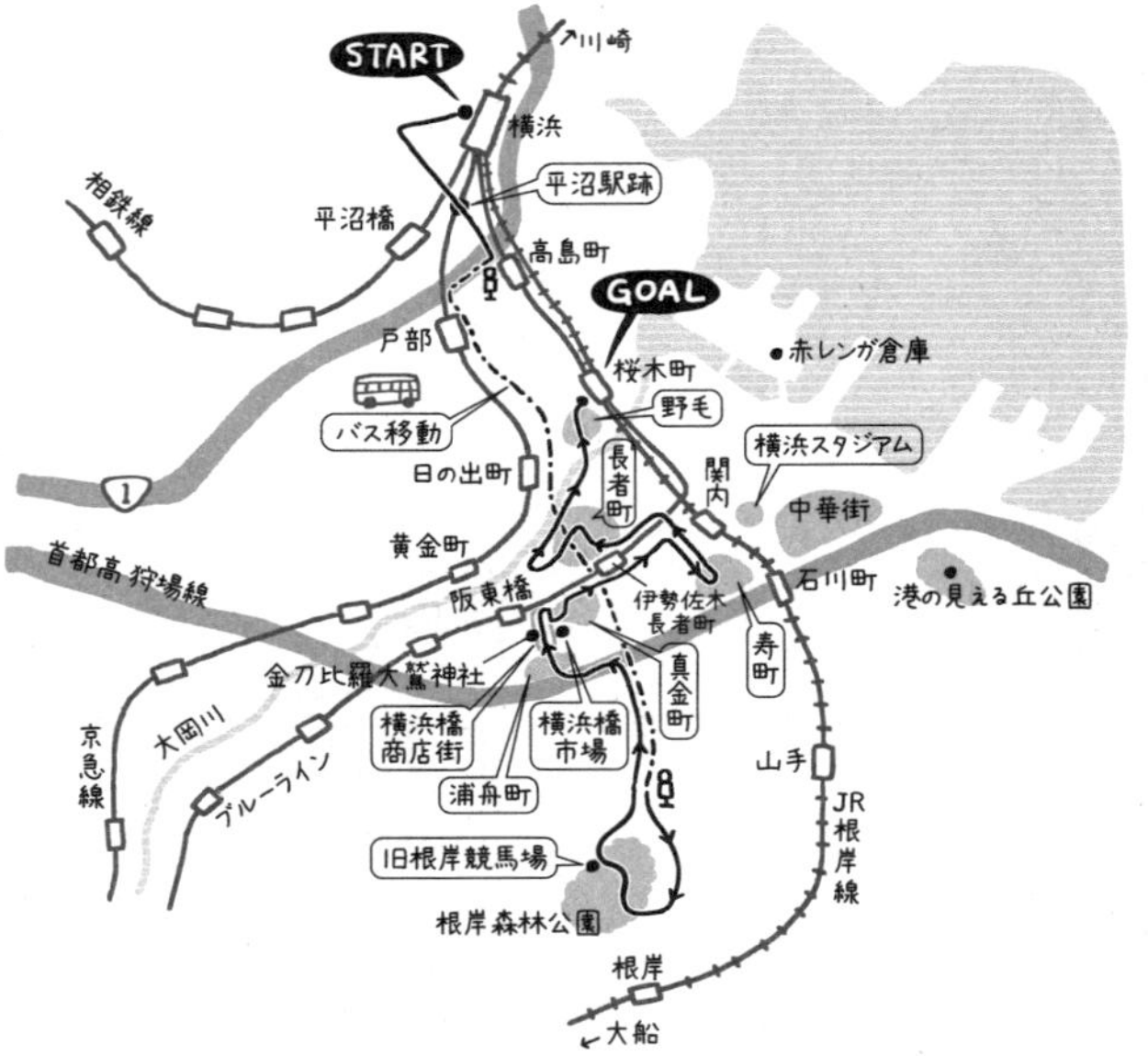
START
↗川崎
横浜
相鉄線
平沼橋
平沼駅跡
高島町
GOAL
戸部
桜木町
赤レンガ倉庫
バス移動
野毛
横浜スタジアム
長者町
関内
日の出町
中華街
1
黄金町
首都高 狩場線
石川町
港の見える丘公園
阪東橋
伊勢佐木長者町
寿町
金刀比羅大鷲神社
真金町
京急線
大岡川
横浜橋商店街
横浜橋市場
山手
ブルーライン
浦舟町
JR根岸線
旧根岸競馬場
根岸森林公園
根岸
←大船

ガチの駅前立ち食いそば

横浜というとベイ云々だとかハーバー何チャラと、やたら横文字がついてシャレたイメージがある。埼玉や千葉と並んで東京に隣接するトーキョーコンプレックス圏のはずなのに、横浜だけは爪先立ちでツンと尖ったようにすましている。埼玉や千葉にこんな都市はない。関西で言えば大阪に対する神戸といったところか。中華街もあることだし。それにこんなに歌謡曲の舞台になってる街も珍しい。

そんな街に敢えて向かうには理由がある。横浜駅から南下する京急沿線は非常にヤサグレており、**旧青線**なんかもあって非常に乾いた夜の街なのだ。ベイエリアをつぶさに見ていけば**ドヤ（現在では簡易宿泊所と呼ぶ）街も健在**だ。またその歴史から**米軍に絡む施設**も見受けられ、横浜は潜れば潜るほど見所が満載だ。一日かけて回れるだけ回るとしよう。

と、まずは腹ごしらえ。

横浜駅南口。相鉄口目の前のところで、なにやらオッサンがワラワラ群がってる異様な光景が目につく。ここが未だ**ガチの立ち喰い**を守っている**鈴一**《すずいち》だ。

ガチの立ち食いを守る鈴一

店は道路から少し潜るように低い場所にあり、内部が薄暗く、なんだか地下の立ち食いそば屋って感じがいい。外には道っ端に台のようなものがありそこでも食べられるが、多くは店の前でテキトーに立ち食っている。その人垣をかき分けながら店内に食券を渡しに行く。しばらくすると注文の品の名を呼ばれて取りに行くのだが、ここでの客捌《さば》き、そして**仕事の速さは名人芸の域**ながら、誰彼ともなく丁寧に接客してくれるので、初めてで勝手が分からない者でも安心だ。

さてどこで食うか探していたら、券売機脇の台が空いてたので、そこで食すことに。王道の**〝てんそ〟こと、天ぷらそば**350円。そんなに深くない丼とはいえ、かき揚げのデカイのがドン！と乗っかってて、見た目かなり男前。こういうタイプの天ぷらは先に麺の下に沈めて、まずはお汁からズズッといただく。透明感のある汁は宗田節《そうだぶし》を使ってるそうで（ダジャレではない）、やや甘みがある。昨今のシャレた立ちそばはやたら甘いのが目立つが、それとは違ったサラッとして甘じょっぱい絶妙な加減。この汁は好きだなぁ。

そばは王道の立ちそばらしい小麦麺だが、意外とネッチリ感がある。冷凍麺と聞いて納得した。線が細めなのは茹で上がりのスピードを求めてか。昨今多い、いたずらに硬くしたそばに辟易していたので、ホントありがたい。

さて、沈めてたかき揚げが食べてる内にボロボロと崩れたのが顔を出してきた。具材は、桜エビ・人参・タマネギといった定番で、作り置きなので衣はガチガチ。でもこれまでにフニャフニャになっているので、そばとモロモロになったかき揚げ片をグチャグチャにして食べる快楽が待っている。汁も天ぷらの油でコクが出てね、こういう立ちそばがタマランのですよ。

あっという間に完食。丼を下げに行くと、頭上注意の看板が。そこに「おそば食べてく?」という声とともに、慣れた手つきで買い物帰りに**子供と立ち食いに寄ったお母さん**の姿が。こういうところでサッと食えるってね。**これぞ浜っ子**ですよ。

そういうのを含めて、長年横浜駅前の風景になってる店、そして味なんだなと、しみじみと感じられた一時だった。

14年で消滅した幻の駅

ドン・キホーテやビックカメラのある駅前の繁華街を抜けると、県道にぶつかる。この先に相鉄線の平沼橋《ひらぬまばし》駅があるのだが、県道に沿って海の方へ行くと、京急線の高架下に出る。橋脚には所々酷く老朽化し鉄筋が露出しているところもある。横浜駅と戸部《とべ》駅の中間に位置するここにはかつて**平沼駅**が存在した。1931（昭和6）年に完成し、1945（昭和20）年の横浜大空襲で消滅するまで**たった14年しか存在しなかった駅**だ。

横浜大空襲は5月29日、B29爆撃機517機とP51戦闘機101機により、東神奈川駅・平沼橋・横浜市役所・お三の宮・大鳥国民学校の5箇所を、東京大空襲の約1・5倍ともいわれる物量の焼夷弾で爆撃。わずか1時間ほどの間に1万5000人を超える死者を出したとも言われている。焼夷弾は地面に落下すると内部に仕込まれた爆薬が炸裂し、粘着性の可燃性物質を撒きちらす仕組みになっている。横浜とはいえ木造建築の多かった当時、火の燃え広がりが脅威であったことは想像に難くない。鉄筋コンクリート造りの駅舎はその形は留めたものの駅としての機能を失った。

まだ記憶に留めてる人もいるかもしれないが、京急に乗るとちょうど駅があった場所に**鉄筋が半ドーム状に剝き出し**になっていた。これは**平沼駅舎の屋根跡**で、1999（平成11）年まで架線柱代わりに残されていた。今では駅ホーム跡、ちょうど階段から上がる部分が辛うじて確認できる。

駅舎跡のガード下から見上げると、ホームから降りてくる階段が未だ残っている。コンクリートには黒い煤《すす》のようなものが付着し、所々鉄筋が剝き出しになっているが、これは空爆によるものなのか老朽化なのかわからない。

またこの駅舎自体、当時としては**モダンな建築**だったようで、半円状の穴あきパターンが続いていたりと全体的にシルエットが美しい。戸部駅にかけての高架そのものが独特の造形で、一部**レンガ造りの橋脚**も確認できた。半世紀を過ぎてこうも生々しく名残を残していることに驚きを隠せない。

さらに海へ向かって歩を進めると、市営地下鉄の高島町駅近くに着く。ここに、横浜の新たなソウルフードとも言うべき**スタミナカレー店のバーグ**がある。

平沼駅跡、階段が確認できる

バーグは杉田を本店とし、弥生町《やよいちょう》や吉野町などにも支店がある横浜のローカルカレーチェーン。カレーのトッピングには小エビやハンバーグにオムレツなどが揃い、**かな〜り男子臭が強いガッツリ系メニュー**が揃っている。注文すると先に会計とのこと。ダルそうなバイトの接客に、客は地元風のニイチャンとくたびれた感じのサラリーマン。うらぶれた感じがたまらない。

なんてシミジミしてる間もなく、やってきたスタミナカレー生玉子820円。カレーに生姜焼きをぶっかけ、その上に生玉子を乗せただけ。いやホントそれだけ。味もそのまんま。以上。これがいいんだろ?ってな具合に、潔いメニュー。はい、おっしゃる通りです。

カレーはいわゆる日式でとろみのあるもの。しかしその中でもスパイシーさが前に出ていて、この手のカレーとしてはかなり辛い方。生姜焼きはこの値段としてはかなりの肉の量で、思う存分喰らいつけるのが嬉しい。こういう料理は、**キタなくても混ぜまくる**のが流儀。グチャグチャにしてワシャワシャ食べないと旨くない。これだけパンチのあるものが合わさるとクド

ガッツリ！　スタミナカレー

くなりそうだが、独特の酸味があって案外食べやすかった。

細かいことを食通ぶって言うやつはいるだろうが、それは野暮ってなもんで、これはもう無条件降伏でしょ。持ち帰りも出来るので、浜スタ（横浜スタジアム）での野球観戦にもってこいじゃないだろうか。新たな浜弁として、浜スタミナカレーなんつってやってみたらイイと思うんだけどな。

高台にそびえる廃墟中の廃墟

高島町駅前にはイチコクこと国道1号が走っているので、ここで横浜市営バスに乗り込む。

伊勢佐木町《いせざきちょう》を過ぎ、首都高狩場《かりば》線を越えると、これまでの繁華街の風景から山を切り崩したような郊外的風景へと一変する。市街地と港周辺以外は急な坂が多く、フエリスのある山手の辺りは完全に山状態。そこからバスはぐんぐん坂を上り、山元町《やまもとちょう》というエリアに入る。

この山を越えれば根岸、という手前にある山元町4丁目停留所で下車する。根岸台という台地が広がっていて、近くに米軍の用地があるからか、英語表記の看板が目立つ。工事中につき米軍関係以外の車両の進入を禁止する旨の看板が行く手を塞ぐが、これは徒歩なら関係なしと、スロープ状の坂道を上る。

上りきったところは**根岸森林公園**になっている。今回は公園に入るのが目的ではない。**公園入口の先にある物々しいゲート**こそが問題なのだ。ビビリな自分には写真撮影はムリ。だって**米兵がライフル抱えて**待機小屋からこっち見てんだもん。公園に遊びに来たただの人を装い、そおっとゲート脇の公園敷地の縁を、あちらのお国とを分かつフェンスに沿って歩き始める。

すると……目の前に、出ちゃったよ、ほら。これぞ廃墟中の廃墟、廃墟好きならずともその名を轟かせている**旧根岸競馬場一等馬見所**《まみしょ》。やっぱしホンモノを間近で観るとその迫力に圧倒される。特に3つある塔状の建造物の頭頂部の丸窓が目玉チックで怖い。ステンドグラスになっているようで、それがますます恐怖感を煽る。

元々は文字通り競馬場で、競馬場自体の歴史は1864（元治元）年といつなんだか分からないくらい古い。横浜という場所柄、周囲には居留外国人が多く住み、彼らのために**日本初の洋式競馬場**として建てられた。この一等馬見所はJ・H・モーガンというオッサンにより設計され、1929（昭和4）年に完成した。戦時中は旧日本海軍に接収され、米英系外国人の抑留所となった。戦後は米軍に接収され、1969（昭和44）年に返還。森林公園の一部に馬の博物館があり、今でもこの地に競馬場があったことを伝えている。

戦中に旧日本海軍に接収されたのは、その見晴らしの良さから通信施設に丁度いいと思ったからというが、なるほど、展望室に上がらずとも、この一等馬見所の建つ高台は周囲を遮る物はなく、**横浜の街を一望**することができる。横浜駅前のそごうやみなとみらいの高層ビルまではっきりと見える。この日は晴天でしか

廃墟中の廃墟、旧根岸競馬場

も平日で人影はほとんどなし。実に清々しい昼下がりではないか!!

で、なんでこの廃墟が有名なのかというと、ＹＭＯが散開した時に作られた**『プロパガンダ』という映画のロケ地**となったから。散開が１９８３（昭和58）年で、その10年後の再生の時でさえ廃墟趣味というものが広く知られてなかったのに、よくもまあこんなところでロケしたなぁと。廃墟・廃線趣味の走りであろう宮脇俊三の『鉄道廃線跡を歩く』の発行が１９９５（平成7）年だから、その先見性には驚きを隠せない。

みなとみらいまで見渡せる

一部ツワモノは内部探索を決行しているが、違法行為だしライフル持ってる米兵はいるわで、自分には到底無理。ただこうして蔦の絡まる塔を眺めているだけで十分戦慄モノである。夜は絶対ムリ。おしっこチビッちゃう。

怪しまれないうちに帰ろうと、公園の出口に向かうと、再びゲートにはこれまたライフルを担いだ米兵が待機しているので、そそくさと公園を出るのだった。

真の横浜の中心地とは

来た道を山を下るように歩き、下りきった所が首都高狩場線の高架下。この先、市営地下鉄の阪東橋《ばんどうばし》駅のある大通り公園にかけての**浦舟町**《うらふねちょう》や**真金町**《まがねちょう》といったエリアが、実は横浜の中心部じゃないかと思っている。

熊手を求める客で賑わう年末の風物詩、酉の市は浅草の北、吉原にある鷲《おおとり》神社が有名だが、ここにある**金刀比羅大鷲神社**《ことひらおおとり》の酉の市もかなり広い範囲に屋台が出て、大変に賑わう。たまたま酉の日に訪れたことがあり、あまりの人混みで酔いそうになった。人々もいわゆる横浜に観光に来るようなタイプではなく地元っ子ばかりのようで、どこか浮足立った空気を感じた。吉原の下町っ子に対する、浜っ子独特のテンションがある。

ここの酉の市の特徴はなんと言ってもピットインの多さ。ピットインとは私が勝手に命名しているのだが、要するに運動会の役員席のような、テントの中に長机とパイプ椅子を並べた**簡易居酒屋のこと**。手前で煮込みや魚、焼き鳥を焼いていて、即席従業員に酒とそれらつまみを注文してダラダラ過ごす場所がやたらに目立つのだ。辻々にここまであるのは珍しい。

せっかくなので熊手を求めるとしよう。威勢のいい掛け声が行き交い、最高に盛り上がっている通りへと出た。大きな熊手が綺羅びやかに陳列されているのを見ていると、売約済みの札に高島屋の文字を発見した。自分は小さめの手頃なものを選び、ヨヨヨイ！の3本で締めてもらう。

薄暗い路地に広がる横浜橋市場

神社の裏手から出ると、**横浜橋通商店街**というアーケード商店街が延びている。ここから先に脇に逸れた薄暗い路地が**横浜橋市場**で、50mもないような道に食材の卸の店が軒を連ねている。寿司のガリの卸問屋なんてのもある。

戦前から日用品を扱う商店が軒を連ねていて、戦後スグにマーケットとなったというが、入口の錆びた看板などが、今でもそんな雰囲気を漂わせている。**内臓専門の肉屋**や**韓国食材の店**がやたら目につき、**角打**《かくう》**ち**など昼間からオッサンが酩酊している酒場も見受けられる。酉の市の日は、ほとんどの商店が軒先でキムチ鍋やらモツ煮込み、フライやらを食べ歩き用に提供している。牡蠣まであって、ひとつ100円。オッサンがレモン汁をさっと垂らして、スルッとやっちゃってる。

ここに来てこういう光景に出くわすと、真の横浜の姿を見た気がするのだ。みなとみらいなどの観光地だけでは見えてこない、さらにこの界隈を巡って横浜の側面を知ると、その意味を感じてもらえるだろう。

定食屋でも「ヨヨヨイ!」

金刀比羅大鷲神社の近くで見かけた、**いちばん**という定食屋に目をつけていた。引き返してみるとまだ開いていて、蛍光灯に照らされたショーケースが誘っている。サバ塩定食やらコロッケ定食やらが550円とか600円とかいう値段で陳列されている。

誘われるままに入った店内は、オッサンの団体やら家族連れと、**地元民が普段着でくつろいでいる**。夕食時ということもあって、席は9割方埋まっている。厨房は半ばパニック状態。急ぐわけでもないしと、適当に空いてる席に座って待っていると、隣にいたオッサン、こちらの熊手を見てヨヨヨイ!と声をかけてきた。いくらしたの?5千円は高いなぁ、値切んなきゃ。なんて説教して**満足げなオッサンの顔が幸せそう**で、こっちも幸せな気分になれた。

そうこうしている内に、ほかの客は勝手に座って矢継ぎ早に注文している。おっとしまったと、ここんちの勝手がわかったところで店員つかまえて注文。つまみセット600円を日本酒の冷やで。刺身の赤身は予想以上にトロッとしていて、シラスの大根おろしは辛すぎず、それがこの値段でいいのってくらいの量。冷や奴の鰹節が単なる鰹節なのになんでこんなにベストマッチしてるのか。不思議なほど箸が進む。

キスと野菜の天ぷら定食 650 円

その後頼んだ定食は、キスと野菜の天ぷら定食650円。衣の色は薄めで、キスは小さいながらも、思いの外肉厚で、しっとりとした食感とともにパクパク食べられる。野菜はちょっと硬めだけど、そこはご愛嬌。カボチャ・サツマイモ・シイタケ、とりわけナスは好物なだけに、フツーに美味しくてしつこくない汁に軽くつけて食べるともう幸せ。

ここの特徴はなんといってもご飯。とにかく量が多い！　ここまで多い定食屋は初めて。おつまみも結構量があって最後はかなり苦戦を強いられた。

なんにしても、この空気にこの馴染める味、**定食屋に必要なものが全て揃っている**感じがなんともたまらない。この店が成立するこの町が、やっぱり好きだなぁと再認識させられた。

ディープヨコハマの町中華

大通り公園をイセザキモールと並行するようにフラついていると、関内駅の先に横浜スタジアムが見えてくる。その先は横浜中華街だが、浜スタの手前に**寿町**《ことぶきちょう》がある。東京の山谷《さんや》・大阪のあいりん地区と並んで**三大ドヤ街**と呼ばれる日雇い労働者の町だ。

横浜大空襲で界隈は焼け野原となったところに、戦後、職業安定所が移転してくると、**日ノ出町や付近の大岡川沿いのスラム**にいた日雇い労働者が移ってきてドヤが形成されたという。

山谷は今では外国人のバックパッカー向け安宿街へと変貌しつつあるが、寿町はまだまだ現役のドヤ街。オッサンがワンカップ持ったまま道端に寝転がっており、定食屋ではテレビに競馬中継がかかり、みな釘付けになっている。道には溢れんばかりのオッサンの数で、皆一様にゾンビ歩きだ。

ここに、**さなぎの食堂**という定食屋がある。ＮＰＯが運営しており、余ったコンビニ弁当を再利用したり、横浜市が支給する「パン券」でも支払いができるということで、度々メディアにも露出している。店の前を覗くと、丁度ドヤのオッサンらが列を作っていたところだった。ここにどうも自分みたいのが行くと冷やかしっぽくなってしまうので、退散することに。

そしたら最近、２０１７年になってさなぎの食堂は閉店したという。パン券が使える食堂があの街からなくなってしまったら、糧にしていた人はどうなってしまうのか、心配が募る。

勝手に命名「ハマの九龍城」

寿町にドヤが出来る前に、大岡川に沿ってバラック小屋が建ち並んでいたという日ノ出町から黄金町辺りへ赴くとしよう。大通り公園から長者町《ちょうじゃまち》に入ると、路地裏にはネオン綺羅びやかな風俗店の明かりが目につくようになる。一帯は歓楽街という名に相応《ふさわ》しい**怪しげな夜の横浜の顔**を覗かせる。

この京急日ノ出町駅へと抜ける道沿いに、自分が勝手に「**ハマの九龍城《クーロン》**」と呼んでいるアパートがある。北斗の拳に出てくるような黒ずんだコンクリートは**頽廃感丸出し**で、夜は特に1階テナントに並ぶ大陸系の食材問屋や焼肉、マッサージ店の派手な明かりが浮かび上がり、余計に九龍城感が増す。

この建物の対面に、**大吉亭**《だいきちてい》という町中華がある。歓楽街に勤める人らがメシ場として使ってそうな店で、この**ダークな空気感**は中華街の店とは雰囲気を異にする。それでも中はテーブル席メインで、外観の見た目より広く、近所の人と思しき日本人のオッサンらが飲みながら中華のアテをツマみ、テレビを見るともなしに過ごす日常風景が広がっていた。ゴルゴ13などコンビニコミックが充実した本棚の脇のカウンターに

大吉亭のキムチ焼きそば

座り、豪快に鍋を振るうオヤジさんの技を見ながら過ごす一時は、**都会の雑踏の片隅感**があって愛すべき瞬間だ。

メニューは一般的な町中華のそれながら、場所柄らしい変化球を交えたものも散見できたので、試してみることに。

キムチ焼きそば750円。キムチチャーハンはたまに見かけるものの、キムチ焼きそばはかなりのレアアイテムではないか。漬けた白菜の汁が唐辛子と混ざって皿の底に溜まっているが、しっとりチャーハン（第1章参照）同様、焼きそばも麺がグズグズなタイプも好みなので、これくらいでは全然凹まない。むしろウエルカム。だってこんなん食べたことないでしょ。この汁がユルい麺によく絡むんだ。辛いというより酸味立ったキムチと汁と麺をグチャグチャにして食べると、**思っていた通りの多幸感**が得られた。

なんだかよく分からない味だけど、妙な安心感があるんだよね。普段来ない町でも、ホッと出来る場所が町中華なんだよなぁ。

壮観……大岡川青線地帯

さっきの九龍城の裏手に、**ソプラティコ横浜関内というサウナ**がある。ターミナルのある大都市らしく、界隈には出張のサラリーマンや色々を汗で流したい男性向けのサウナが充実している。以前はほぼ男性専門店で、どこかカタギじゃないような暗いイメージだったが、このところ改装する店が相次ぎ、女性フロアを設けたり、明るい雰囲気作りの店が増えた。

こちらも以前はハイランドサウナといったが、フィットネスクラブが入るなどオサレサウナにリニューアル。しかし内部は真新しくとも、細いロッカーでジムのような男性客を意識したスタイルが残っている。サウナの温度は低めながら、駅前サウナによくある閉塞感はなく、じんわり汗がかけた。人工温泉にもゆっくり浸かれた。

都市部でサックリ汗を流すには1時間1000円とリーズナブルで使い勝手がいい。リクライニングルームや仮眠室もあるので終電を逃した時にも使える。

こういう街ならではの施設を味わったところで、湯上がりにフラフラと歩いていると、大岡川に出た。川にはいくつもの小さな橋がかかっている。この区間は黒澤明

『天国と地獄』でも描かれた、ちょんの間《ま》と呼ばれる**私娼窟**《ししょうくつ》が密集していた。

よく耳にする赤線というのは、1957（昭和32）年の売春防止法施行に伴い消滅した公娼であるのに対し、**青線はモグリの私娼**のことを指す。規模の小ささから全国の色街に潜み、最近までちょんの間と名を変え息づいていた。体面上は小料理屋と体裁を取り繕われているが、非常に狭い間口から中国系やフィリピン系の女性が露出の高い服を着て男が通るのを待っているのだから、小料理屋なわけがない。

戦後のバラック小屋での売春が起源というから、正しく寿町にドヤが出来る前の、スラム街で発生していたことになる。当初はほとんどが日本女性だったが、1990年代くらいから外国人が主流となった。

ちなみに、ちょんの間の語源はちょっとの時間という説とちょっとの空間という2説あるが、どちらともこの商売の性質をよく表していると思う。客は店に立っている女性を選び入店するが、いないところは営業中となる。この初黄《はっこう》（初音町と黄金町の総称）町内会大岡川桜通りの場合、1プレイ1万円が相場で時間は20〜30分だったという。

そんな**狭小店舗が川端にズラリと並ぶ風景**は壮観ですらあった。しかし2005年

ちょんの間の名残

からバイバイ作戦と呼ばれる神奈川県警による24時間パトロールがスタート。完全撤去が難しいとされていたちょんの間が今では1軒も営業していない。

自分が通ったときも警察官に出くわした。売春は犯罪だしビザ切れの不法就労にもなる。治安が悪くなるというのも分かるが、そういう**悪所を抱えてこそ都市**であって、人間の業《ごう》は消えてなくならないのだから、排除となればより地下化して黒い社会と密になっていく気がするのだが。「正しく知ってストップエイズ」と書かれた看板が空寂しく映った。

野毛の人気店の確かすぎる実力

日ノ出町駅とJR桜木町駅までの間、徒歩で10分チョットで通り過ぎてしまうこのエリアに、小さな酒場が密集している。この**野毛**《のげ》は戦後からの飲み屋街で、老舗から若手のトンガッた店まで、夜ともなれば道に溢れんばかりの客で賑わっている。

そんな一角に、本当に外まで客が溢れ、余所とは一線を画す異様な空気の一軒が目についた。**福田フライ**といって、そう古くはないが、立ち飲みのバラック小屋みたいな造りが、屋台チックでかえってウケているのだろう。

薄暗い店内は、厨房前カウンター、壁に向かうカウンター、そして外のスタンドテーブルまで、**男の寿司詰め状態**。客層はちょっとヤバそうなニイチャンからリーマン団体までゴチャゴチャといて、よく分からない。壁に向かうカウンター席に隙間があったのでスッと入らせてもらう。店内の貼り紙を見ると、黙って席を移動するなとあるから、その場で壁のメニューをサッと見渡し、カウンターの中の女性店員とふと目のあったタイミングで飲み物を注文。

人が溢れる福田フライ

アルコールはそこそこ種類がありそうだが、目に見える範囲に酎ハイ400円レモン／ライム／男梅とあったので、ライムでお願いする。酎ハイを受け取るタイミングでフライを注文。長ネギやアスパラといった野菜のほか、ワカサギやアジにアサリといった魚介系が揃う。

と、フライ各エビ・ゲソ・ニンニク150円が出来上がってきた。まずエビの頭からガブリとかぶり付くと……なんじゃコリャー!!! 思わず**天を仰いで絶叫しそうになった**。薄いながらガリッとシッカリ揚がった衣にドボンと漬けたサラリとしたソースが全面に染みている。このソースのニンニクが、香ばしい衣の油に乗っかって、**脳天にズバババババーン**っと響いてくる。そして中のホワンとしたエビの甘みがフンワリ口中に広がる。

注文時、辛いニンニクと普通のソースから選べるのだが、辛いニンニクの方がここのウリ。串揚げは出来たてのビッグカツとでも言おうか、ソースのニンニクの暴力性も手伝って、油とニンニクとソースというとにかく分かりやすい味にまとまっている。料理性の高い駄菓子ってところか。

ゲソを捻るように噛み締めると出てくる汁や、ニンニクのホクホクの食感が、衣の油とニンニクソースにとにかく合う。そして酎ハイが恐ろしいまでにフライの食欲を増進させる。ライム味が駄菓子っぽいので余計に**大人駄菓子感**が増す。

2杯目と次の串をどうするか逡巡していると、まだ20時過ぎというのに材料がどんどん売り切れていく。なにが残ってるのか聞くと、カボチャ150円があるという。こりゃ甘みが際立ちそうだと頼んだら、これがもう案の定の結果。カボチャ、甘ぇなぁ〜。辛いソースが余計に甘みを引き立てる。

厨房のオニイサン店員におあいそをお願いすると、先のオネエサン店員がすでに計算済みだった。この辺の手早さもこの手のワチャワチャ店ならでは。気持ちがいい。**〆て千円チョイ**で、サクッと飲んでこれが食えるんだからもうタマラナイ。仕事帰りに来られる人が心底羨ましい。

いや〜、寄ってみて正解。あぁ、オレいまメッチャニンニク臭いんだろうなぁと思いつつ、桜木町へと家路に就くのだった。

第７章

赤線のあった頃

吉原・向島・鳩の街・玉ノ井ラビリンス

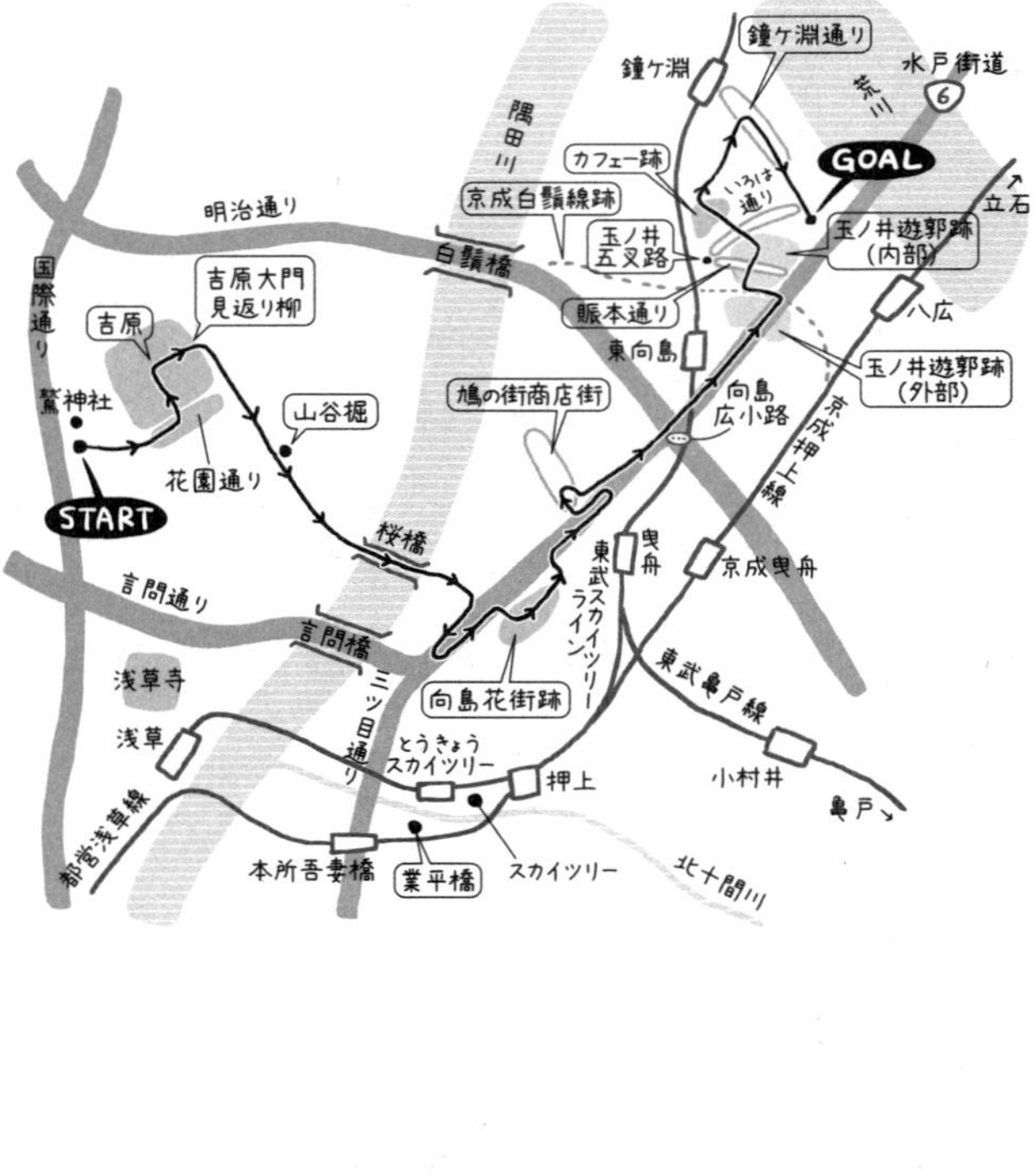

鐘ケ淵通り
鐘ケ淵
水戸街道
6
荒川
隅田川
カフェー跡
GOAL
いろは通り
明治通り
京成白鬚線跡
立石
玉ノ井五叉路
玉ノ井遊郭跡（内部）
白鬚橋
国際通り
吉原大門見返り柳
吉原
賑本通り
八広
東向島
玉ノ井遊郭跡（外部）
鷲神社
山谷堀
鳩の街商店街
向島広小路
京成押上線
花園通り
START
桜橋
東武スカイツリーライン
曳舟
京成曳舟
言問通り
言問橋
東武亀戸線
浅草寺
三ツ目通り
向島花街跡
浅草
とうきょうスカイツリー
押上
小村井
亀戸
都営浅草線
本所吾妻橋
業平橋
スカイツリー
北十間川

遊廓周辺には隠れた名店が揃う

現在もソープ街として全国にその名を轟かせている吉原。だが吉原という地名は実際には存在せず、現住所の千束《せんぞく》4丁目辺りが該当する。ちなみに隣町となるドヤ街の山谷も地名は消えている。

こんなに有名なのに地名が残されていないのも不思議な気がするが、そもそも遊廓街がこの土地にあったわけではない。日本橋葺屋町《ふきやちょう》（現・日本橋人形町）に、時の江戸幕府により許可された公娼街があったのだが、明暦《めいれき》の大火（1657・明暦3年）で焼失。再開するにも江戸のド真ん中で売春はいかがなものかとなって、当時は田んぼだらけの田舎だった**浅草の外れ**に移された。人形町の吉原に対して**新吉原**と呼ばれた。

田舎といえども遊廓が出来れば賑わうわけだけど、当時は電車も自動車もないから来るにも一苦労。今でも**陸の孤島**であることには変わらないが、それがかえって、日常とは隔絶された場所として人を集めることになったのではないだろうか。

吉原（以降、新吉原のことを吉原と呼ぶ）のエリアはお歯黒溝《はぐろどぶ》と呼ばれる幅2間程の堀が巡らされ、さらに高い塀で囲われていた。現在、吉原大門《おおもん》と呼ばれる交差点には、遊女との別れを惜しみ見返ることから**見返り柳**があり、碑も残っている。樋口一葉『たけくらべ』の「廻れば大門の見返り柳いと長けれど」から始まる一文で知られるところとなった。塀が巡らされていた頃は入口はココしかなかったらしい。

遊廓の街としての吉原は、1957（昭和32）年の売春防止法施行による**赤線廃止**で旧吉原からかぞえて340年の歴史に幕を閉じる。その後、多くは連れ込み旅館からソープランドへと転業し、風営法の特例地域により現在に至っている。ちなみに風営法ではソープなどの営業は事実上不可能となったが、歴史的背景による実情が考慮され、**都条例により特例措置**が下された。北池袋や歌舞伎町も一時特例地域であったが、現在は吉原のみとなっている。

多くが風俗店となる中、赤線のままの姿を残す物件が一部現存しているので、呼び込みがまだ大人しい昼の間に、散策してみるとしよう。

とその前に腹ごしらえ。見返り柳前の**土手の伊勢屋**や桜鍋の**中江**に代表されるように、遊廓の周辺には大門に入る前の精をつけたり、出た後に空腹を満たすためのメシ屋が多く存在した。舌の肥えた旦那衆が訪れることから、下手なものは出せないと、しっかりした仕事をする職人肌の店が多いとも言われている。なので、実は遊廓があった周辺は隠れ名店探しにはもってこいの場所なのだ。

つい最近まで、仕事終わりにオネエさんが寄ったり、お店に出前をするような**正直ビヤホール**や**菊亭**といった洋食屋が多く存在したが、店主の高齢化や建物の老朽化、さらには風俗店の減少もあり、そのほとんどが店を閉じてしまった。そんな中にあって、吉原を出てスグのところの**日の出**は、売春防止法以前からの吉原を知る、**遊廓洋食**の希望の光となっている。

店の前に立つと、「**名物かつ専門店**」と書かれた看板がカッコイイ。サンプルケースもあり、オムライスやカレーが並んでいる。デキるオーラがビンビンに伝わってくる。

昔の美容院のようにレースの内カーテンが掛けられた木製の扉を開けると、そこにはテーブルクロスが白くまぶしい、**キチッとした洋食屋の姿**があった。客席で一息つく女将さんは猫の置物を弄るのに夢中でこちらに全く気づかず、自分を客と知ると大層驚いた様子で席に案内してくれた。この日はプロ野球の日本シリーズ中だったが、チャンネルは別になっていた。女将さんが気遣って「巨人が負けてるからさっきのお客さん機嫌悪くてね。だからチャンネル変えちゃった。好きなところどうぞ」というので再び野球に。こういう気遣いはグッとくる。

厨房からピチピチと油の爆ぜる音が聞こえてくる。しかし一般的な洋食屋よりかなり低い音。これは丁寧に揚げているに違いない。

しばらくするとかつ定食１２００円がやってきた。定食屋ではなく**とんかつ専門店であるという気概がビシビシ伝わってくる**フェイスだ。食べてみると非常にまろやかな肉質で、しっかり火が通っているのに、舌触りや溶けていく感じがとてもソフト。とんかつの起源の一つとされる「ホールコットレット」は肉をバターで炒めたものを素揚げにしたようだが、ここのはまるで衣と肉の間にバターが塗られているような滑らかなしっとり感がある。衣自体は薄めながらきめ細かく、かなりハードに揚がっているので、単体でイケるほどクドくない。結構なボリュームに見えるが、あれよという間になくなっていく。付け合わせのサラダも味噌汁もお新香も手作りのしっかりとした味で、ふんわり炊かれたご飯とともになんだか安心させられる。

専門店の気概が伝わってくる

帰りしな、女将さんにお伺いしたところ、ここに嫁いで60年近くになるという。店自体はそれ以前からやっていたようで、**先代はGHQのコック**をしていたというから驚きだ。またこんな話も聞かせてくれた。**吉原のある大店《おおだな》の息子**がコチラのファンだったそうで、慶應に入って出世したがコチラの味が忘れられず、今でも人を連れて食べに来るという。そうして子供の頃食べた味が染み付いて二代三代と客がついてくれている。それがとにかく嬉しいとのこと。

自分はこの土地の人間ではないが、町を歩いていてそうした個人や家族経営の店で食を味わえることが嬉しくて仕方ない。

吉原から川の向こうへ

さて身も心も満たされたところで、吉原の内部に入ろう。

実際に歩いてみると、碁盤の目のように**格子状に街が形成**されているのが分かる。堀に沿った辺りは河岸《かし》とよばれ、北端にある西河岸には風俗店は見受けられないものの、一本路地裏に入った途端、風俗店がズラリと軒を連ねる。知らずに入るとビビる。**花園通り**と名付けられた道には、側溝のような落ち込んだ道が走り、お歯黒溝の往時の姿を想起させる。

碁盤の目の東側、見返り柳へと至るS字にくねった五十《ごじゅっ》間道《けんどう》へと至る手前に、**アパートに転用された遊廓物件**がある。ここだけ異空間のよう。曲線を多く用いた意匠が残っている建物はもうほとんどない。往時の姿を想像しながら、しばらく立ち尽くしてしまった。

アパートに転用された遊廓物件

このほど近くに、**カストリ書房**という風俗関連の書物ばかりを集めた書店が最近出来、遊廓や赤線に関する書籍がズラリと並ぶ様は圧巻の一言。新刊書や資料的価値の高そうな古本のほか、遊廓関連書の復刊も手がけている。資料室も出来たので、興味ある人には待ち焦がれたサイコーな空間に違いない。
見返り柳のある大門を出たところから、隅田川に向けて遊歩道のような小道が続いている。**山谷堀**《さんやぼり》と言って、江戸初期に隅田川の氾濫を防ぐために掘られた。**吉原へ向かう客を運ぶ船**が出ていたとも言われており、随分と風情のある場所だったようだ。埋め立てられてからだいぶ雰囲気が変わったというが、ビルだらけで隅田川も護岸のコンクリのグレーが寂しい浅草界隈にあって、緑も窺える遊歩道はなかなかに気分転換にいい場所だと思うのだが。

隅田川の堤に出ると、Xの形にクロスする橋、桜橋が架かっているのが見える。近代的なスマートなシルエットの橋だが、袂には**言問《こととい》団子**、その対面には**長命寺桜もち 山本や**とその名の由来となる長命寺という、江戸散歩定番スポットである超老舗が待ち構える。

そこをスルーするのが本著。この先、水戸街道こと国道6号という交通量の多い道があり、周囲もビルだらけで歴史散歩もクソもないエリアだが、路地に入ると**向島《むこうじま》の料亭街**が待っている。

と、その前に、6号に出たらあすこでそばを手繰《たぐ》りたくなるのが人情というものだ。少し南下して、立ち寄るとしよう。

パッと見はフツーの町のそば屋っぽいし、単に昔からやってるだけかなぁといった佇まいだが、実はここが**そば界のラーメン二郎**との異名を持つ、**角萬《かどまん》**の向島店だ。

角萬の蕎麦の特徴はボソボソとした極太麺で量が多い点にある。長ネギと豚肉が乗る、二郎でいうブタヤサイともいうべき南蛮そばが定番メニューで、冷やし肉南蛮のことを冷や肉、その大盛りを冷や肉大と呼ぶ。角萬は向島のほか、先の吉原近くの千束と西新井などにもあり、特に千束にある竜泉《りゅうせん》店は、客は皆一様に冷や肉などと**品書きにない符牒**を厨房に通すので、この辺の呪文コールも二郎を彷彿とさせる。

向島店はフロアに店員が多くいるので、一見でも迷うことはない。注文は「冷や肉で」と言うと「冷やし肉南蛮ですね〜」と直された。こう書くと非常にユーザーフレンドリーな店かと思われるが、そうは問屋が卸さないのが角萬。品が出てくるまで**1時間待ち、土日休日なら90分待ちはザラ**という。しかもお冷やは注文の品と同時に出てくるので、水分補給なしで待たねばらない。注文してからが戦いの始まりなのだ。

テレビを見たりスポーツ新聞を読んだり店内を眺めながら待つ。みな慣れた様子で、各々の時間の潰し方をしている。基本一人客でほとんど男性。そんなわけで客席側はテレビの音と外から漏れ聞こえる騒音くらいで至って静かなのだけど、時折、突如として**静寂を破る激しい打撃音**がこだまする。これ、ご主人がそばを打つ音で、数人分を1ロットとして一気に作り、そばが足りなくなるとその場で打ち始めるのだ。打ちたてが食べられるのが嬉しいが、基本ご主人一人で丁寧に手作りしてるので、こう時間がかかってしまう。

とはいえ、この日は運良くロットが流れたようで、30分ほどでやってきました、冷

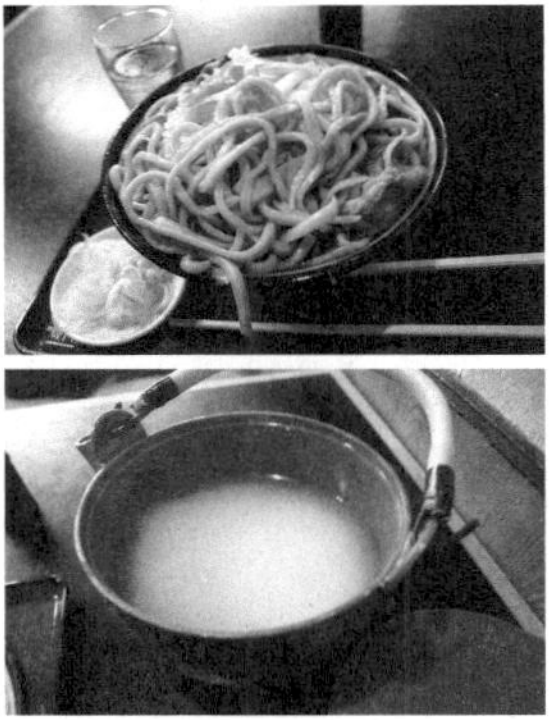
角萬の冷や肉とクソデカイそば湯

や肉９００円。ババーン！と出た、**極太黒ずみそば**。二郎のごとくそばを底から一気にひっくり返して引き出す「天地返し」をして、まずは蕎麦からズズッと……というか嚙むようにワシワシと頂く。

　そばは確かに粉っぽさはあるが、太さはさほどでもない。ただ不揃いなので手作り感で溢れている。汁は冷やしといえどもヌルめ。甘みが強く、味のはっきりとした汁で、この粉っぽいワシワシと頬張るそばとメリハリがあって、どの要素も個々にはどこかにありそうな味なのだが、それが合わさるとココならではの味になる。上に乗るクタクタの長ネギもいいけど、添えられる刻みネギもシャキシャキで、ネギ好きにはタマラナイ。

　汁自体の量もないし、ラーメンみたいな動物系の脂もないから、サクサク食べられる分、量もさして苦にならない。あっという間にあらかた平らげてしまった。とここで登場するのがそば湯。これが**クソデカイ朱塗りの急須**みたいので供される。このデカさだけで思わず笑ってしまう。蓋を取ってみると、見事に白濁している。粉っぽいそばをこれだけの量茹でるんだから当然か。底の方のドロッドロのが飲みたいのだが、上澄みの透明な部分しか落ちてこない。流石に飲みきれなかった。

一般的なそば屋ではありえない満腹感で、店を後にした。小粋に手繰る老舗有名店とは別種の、町のそば屋の行き着いた先の形態を見た気がした。

向島花柳界からのタンメン！

水戸街道から路地に入ると、住宅を兼ねたかつての**町工場や倉庫の木造家屋**が見えてくる。外壁をモルタルで化粧してあるのだが、だいぶクタビレて黒ずんだりヒビ割れたりしている。一部には小枝を仕込んだ明かり採りや、簡単だが菱に意匠された戸袋もある。また2階屋根に取り付けられた物干し場が残る物件もあり、**錆びた鉄筋越しにスカイツリー**が頭を出してたりする。

街自体になんとなく色っぽい雰囲気が感じられるなと思ったが、やはりこの辺りが向島料亭街のようだ。向島花柳界には、現在13軒の料亭と１２０名ほどもの芸者がいて、さらには「かもめさん」という芸者登録されていない、いわばバイトのようなものもあるようで、**花街としては全国的にも類を見ない規模**となっている。

外観が異様に立派な料亭はモチロンそそくさと退散する以外術《すべ》がないが、往時の雰囲気を残す痕跡は散見できるもので、店を閉めたと思しきモルタル造りの小体な料亭跡がいくつかあり、またその脇には細い路地が幾筋か延びていた。

路地を抜けると再び水戸街道に出た。しばらく道なりに進むと、**味の横綱**という小体の町中華を見つけた。

向島の旧花街物件

店内もL字カウンター8席ほどとこぢんまりとしているが、壁面には常連と思しき人々の写ったスナップ写真がビッシリと埋め尽くされていた。退色した写真も多く、一見そんな古そうな店に見えなかったが、この街に根付いているお店に当たったようだ。

店はご夫婦と思しき二人体制。ご主人がメインで調理し、女将さんはそのヘルプとフロア担当といった按配だろう。メニューは卓上に冊子状のクリアファイルと、壁面

浅草開化楼の極太麺を使用

に定食メニューを含めた一通りの品書きが並ぶが、それとは別に厨房側に筆文字で「湯麺」とも書かれている。やはりタンメンがウリなのだろう、迷わずオーダー。すると麺は細麺にするか太麺にするか問われる。太麺と即答。何故なら、老舗製麺所であり昨今独特の極太麺で人気を集める**浅草開化楼**謹製とあったからだ。

カウンターからは調理の様子が丸見え。モヤシメインの野菜を大きな中華鍋で炒め、そこにスープを投入。ここからはあまり鍋を振るわず、茹でるように熱を通す。茹で上がった麺を投入した丼に煮立った野菜を乗せ、スープというか煮汁を注いで出来上がり。

湯麺580円。山と盛られた野菜はまるでラーメン二郎のよう。これで普通盛りというから恐れ入る。先の角萬といい、**水戸街道はデカ盛りロードなのか**。ともあれ、麺が全然見えてこないので野菜から食べる。モヤシは、噛むとプツンと心地よい歯切れのよさがありながら、しんなりとソフトに茹で上がっているので、甘みが実によく前に出ている。

見た目の量に反して食べやすいのでドンドン野菜が減っていく。そして麺とご対面。おおっ、実に太い。野菜の下に潜んでいたからか、しっかりとスープと野菜のエキスを含んで膨れ上がっていた。食感としてはムニュッとして、味が染み込んだところに粉の風味も残ってて、口中に独特の味わいが広がる。スープは結構しょっぱめだが、麺と野菜とのバランスを考えてのことだろう。

あれよという間に完食。生まれも墨田区というご主人は江戸っ子気質で物言いが少々ぶっきらぼうだが、物腰の非常に柔らかい女将さんがすぐさまフォローに入る。味も店も、見事にバランスが取れるもんだなぁと感心してしまった。

鳩の街、赤線跡ラビリンス

味の横綱と水戸街道を挟んで反対側にあるのが、**鳩の街通り商店街**。ここはかつての**カフェー街**の入口。ここから下町のショーガールこと木の実ナナの育った**赤線跡の**

ラビリンスに迷い込む。

鳩の街通り商店街は戦前の１９２８（昭和３）年に設立された寺島《てらじま》商栄会から続くが、この一帯が脚光を浴びるのは戦後になってから。私娼街の**玉ノ井**《たまのい》は空襲で焦土と化したが、これから訪れる鳩の街は戦禍を逃れた。

そこで玉ノ井と向島料亭街の中間に位置する鳩の街に玉ノ井の業者が目をつけカフェー街にした。空襲後すぐの１９４５（昭和20）年５月に移転したというからその動きの速さが窺える。そして終戦の頃には数十軒が連ねる私娼街に発展していた。

民家に転用されたカフェー調建築

戦後、日本の内務省が進駐してくる米兵向けの売春宿を提供したことから、進駐軍が出入りした。しかし、米兵からの性病が広まってしまい、予防という観点から軍の権限外＝オフリミッツ（立入禁止）に指定された。

その後赤線が廃止になるまで、いわば民営化される。当時、都内には赤線（公娼）と青線（私娼、いわばモグリ）混ぜて相当な数があったそうだが、中でも鳩の街は相当な賑わいを見せた、指折りの赤線地帯となった。

娼家は鳩の街通り商店街と並走する一本裏道に連なっていた。少し前まで、タイル貼りの**カフェー調の、民家に転用された建物**が散見できた。はじめて訪れたのが約20年前。フツーの下町の商店街なのに裏手に回ると、木造家屋の入口や柱が極彩色のタイルで埋め尽くされる様に圧倒されたのが鮮烈な記憶として脳裏に焼き付いている。それから幾度となくその姿を記憶に収めんと訪れたが、建物の老朽化が進み、ほとんどは姿を消してしまった。

鳩の街通り商店街周辺の路地には赤線があった頃の年代の建築が今なお散見できる。色街ならではの**タイルや流線形の装飾が施された民家**のほか、**長屋やトタン張りの平屋**も見受けられる。

懐かしの駄菓子屋もんじゃ

そんな路地を迷っていると、ひっそりと民家の連なる一角に、突如として「もんじや」と記された暖簾が掛かる一軒を発見した。

荒川区や墨田区の界隈には昭和の頃、**駄菓子屋の片隅で食すもんじゃ焼き**の文化があり、かねてよりこの界隈に現存していないか、目をつけていたのだ。味の横綱のご主人に、それとなく聞いてみたところ、この**松竹**を教えていただいたのだ。ザックリとした情報だったので、行き当たれないのを覚悟していたが、まさか迷ったところで発見できるとは!?

駄菓子屋の片隅でもんじゃを食す

後に詳しく述べるが、玉ノ井で生まれ育った漫画家滝田ゆうは、まんがエッセイ『ぼくの空想旅行』の一節「横丁あたり」で「なにやら甘酸っぱい香りが路地の一隅に漂っている。ソースの焦げるにおい…エビてんイカてんアンコてん…タマネギなんかも入れたりして。でも普段はただのソースてんがいかにもその場の味にふさわしく…。ぼくもよくこうして駄菓子屋でもんじゃを食べたものです」と表現している。

ともかく中へ入ろう。店内は4人がけの鉄板が3つ並ぶだけの空間で簡素だが、パッと見、普通のお好み焼き屋と変わらない。しかし、掲げられたメニューを見てかつての駄菓子屋もんじゃの系譜と確信した。エビもんじゃ、カレーもんじゃ、ソーセージもんじゃと、**ほとんどが150円**。玉子や肉など具をアップグレードしても200円程度。**一番高いメニューで300円**というから恐れ入る。駄菓子屋ではなく、それなりの奥行きを持つ一軒のもんじゃ屋として商売をしているなんて、感服という言葉しか見当たらない。

店は割烹着ってのがグッとくるオバチャン一人で切り盛りしている。奥でもんじゃの準備に入ったところで、店先から自転車のブレーキが軋む音が聞こえた。続々と小学校高学年と思しき女子の集団が入ってきた。卓に着くなりノートを広げたりしている。

するとオバチャンが来て注文をとるのだが、**ジュースは奥厨房手前の冷蔵ショーケースから勝手に取っている**。自分が駄菓子屋もんじゃ（地元川口では「ぼったら」という名称だった）に通っていた頃も、1本1本ガチャンガチャンと音をさせながら抜き取るコカコーラの冷蔵庫から勝手に抜き取っては申告していたのを思い出した。

この日頼んだのは、**たぬきもんじゃ**と**ソーセージもんじゃ**。ソーセージは魚肉と予測したが、ビンゴだった。この手のもんじゃには天かすが必須なのだが、なるべくプレーンの味を味わいたいのと、油感が欲しかったのでこれに決めた。ラーメンだと未だ背脂の脂増しに魅力を見出してしまうのと変わらない。昔から全く進歩してないな、自分。

揚げ玉と並んで必須なのが**ラメック**。揚げたラーメンの麺を砕いた駄菓子だが、ベビースターラーメンが一般的に知られている。現在ラメックは製造中止で類似品で代替するケースが見受けられるが、ここでは瓶に入ったベビースターがあったので、「すみませ〜ん、ベビースター一ついただきます〜」なんてオバチャンに叫ぶと、ホント子供時分に戻ったみたいな気分だ。

もんじゃをジュージュー焼いていると、また外からブレーキの軋む音が。先に入っていた女子とこちらで待ち合わせしていたようだ。総勢7人ほどの小学生女子に取り囲まれる状態となってしまい、小学生時分でもない経験だったが、そんなこと向こうは一向に意に介さない様子で、女子トークに花が咲いている。この至近距離では否応なく会話が耳に入る。クラスメイトの男子の話ばかりで、これくらいの年齢だと俄然女子の方がませてる。こういう光景を見ると、噂好きのOLとか、ママ同士の井戸端会議に発展するのがよく分かる。

この店は以前ご夫婦でされていたようで、その頃の味とはだいぶ変わったという話も聞くが、**想像通りの焦げたソースの味**ってのがこういう店では大事なんじゃないだろうか。

店を出て振り返ると、店先の路地に自転車が溢れている。忘れかけていたムズ痒い気持ちを思い出して口の中がなんだか酸っぱくなった夕暮れだった。その後、残念ながら閉店してしまったが、一度でもこの光景の中に居られたのは幸せだったなぁと思う。

荷風と滝田ゆうの見た寺島町

鳩の街ラビリンスを抜け、水戸街道に戻りさらに北上すると、明治通りとぶつかる**東向島広小路**に出る。

東へ行くと京成押上《けいせいおしあげ》線の曳舟《ひきふね》〜八広《やひろ》間線路にぶつかり、北へ行くと東武の東向島駅、西へ行くと隅田川べりに出る。この間を東西に繋ぐように、かつて**京成白鬚《しらひげ》線**という路線が通っていた。

1928（昭和3）年に押上線の支線として開通。隅田川対岸の三ノ輪まで繋ぎ、そのまま王子電車（現都電荒川線）への乗り入れを目論んでいたようだが、乗客数が伸びず、わずか1・4kmのまま、たった8年で廃止となってしまった。

水戸街道から白鬚線が通っていたと思しき道筋に沿って路地に入ると、ひび割れたモルタルや錆びたトタンで覆われた工場や木造家屋が犇《ひし》めいていた。ここは**玉ノ井遊廓**があった場所だ。

浅草観音裏の十二階辺り（現・台東区浅草2丁目。浅草花やしきの横辺りにあったとされる。最近になって十二階で使われていたと思しきレンガが工事現場から出てきたとニュースになった）にあった艶めかしい娼家が、震災で東京市向島区寺島町《てらじまち》とされた一角に移り、私娼街に発展した。

味わい深い路地裏

玉ノ井を愛した人としてまず、**永井荷風**と**滝田ゆう**の名が上がる。荷風は国語の教科書にその名を留める文学者でありながら、決してその作品が載ることはない。自らを文士とは位置づけず散人と名乗り、路地を好んで歩いた。随筆や日記にその足跡が記録されている。

漫画家の滝田ゆうは代表作『**寺島町**《てらじまちょう》**奇**《き》**譚**《たん》』で、戦前〜戦中に玉ノ井で育った滝田少年の見た周辺の風俗が、軽妙かつ克明に描かれている。終始一貫して裏町の市井《しせい》の姿を描いた稀有な作家といえるだろう。

エッセイなどでも空襲、終戦、そして戦後と玉ノ井の変貌ぶりに驚く様子が随所に見受けられる。実際に氏が育った家の跡に行ってみるも、単なる住宅街にしか見えないが、入り組んだ細い路地は一部残っていた。

玉ノ井に初めて足を踏み入れたのも、荷風の代表作『**濹東**《ぼくとう》**綺譚**』の舞台にもなっているからだ。その後に滝田ゆうを知り、幾度となく訪れることとなる。まさに今で言う聖地巡礼だ。

荷風に「寺じまの記」なる短い随筆があり、そこでは浅草雷門前からスカイツリーのある業平橋《なりひらばし》の手前、現在の三ツ目通りを北上して玉ノ井へと至っている。『濹東綺譚』の冒頭でもほぼ同じルートを通っていて、日記『断腸亭日乗』の昭和11年の項と重ねても、実際に取ったルートをベースにしていると見ていいだろう。

「寺じまの記」には――踏切を渡ると「劇場前」という停車

五叉路から見る現在のいろは通り

場に出て、向嶋劇場という活動小屋があった――とあるが、この踏切は東武伊勢崎線のもので、現在は高架になっている。この地点が**玉ノ井の五叉路**と呼ばれる場所で、南東に延びる現在の平和通りは当時賑《にぎわい》本通りという名で、玉ノ井で最も賑わったという。

北東に延びるのは現在のいろは通りで、このいろは通りと賑本通りに挟まれた三角地帯が玉ノ井赤線の中心部。**赤線地帯は内部**と称され、**吉原のようにドブの流れる外側は外部**と呼ばれた。

滝田ゆうが育った家のあったあたりも三部と呼ばれる内部であり、改正道路（水戸街道）を挟んだ向こう側も内部となる四部と五部があったようだが、玉ノ井のメインであり『濹東綺譚』の舞台となったラビリンスは主に内部の一部と二部を指すという。『図説永井荷風』の川本三郎の筆では、高見順や滝田ゆう、野口冨士男の言を借りて――吉原や洲崎《すさき》といった遊廓より質の劣る、ドブの臭う不衛生な湿地帯に出来た、単に春をひさぐだけの売笑婦の私娼窟――と散々に言われている。しかし当時から賑わう浅草や銀座といった繁華街の表舞台からすれば、**玉ノ井は完全なる東京の日陰だった**。遊び場としても最低ランクの裏町だったからこそ、荷風はそこに侘しき清貧の趣を見出したのではないか。人々が忘れがちな裏側にこそ美があるというのは、なんとも荷風散人らしい。

しかし現在、内部はその残影を見出すことができない。こうしたことがかえって、空襲で見事に焼け野原になったことを思い起こさせる。この描写は滝田ゆう『寺島町奇譚』の壮絶な最終回に譲るとしよう。

カフェー調建築探訪

よく玉ノ井の私娼跡として紹介されるカフェー調の建物がいくつか現存しているが、これらは内部ではなく外部にあたる。**いろは通りから北側の裏路地**に入った辺りに密集している。

木村聡『赤線跡を歩く』によると、この北側の外部に、戦後に焼け残った住宅を利用して小さな遊廓街が再開された。なので戦前の玉ノ井の物件は残っていない。とはいえ同じ業者が建てたと思われるので、様式は踏襲しているのではないだろうか。

中でも目を引くのは角地に建つ大きな物件。2階コーナーの部分が一種神殿のような荘厳ささえ感じさせる迫力。たまたまテレビ番組『夢幻泡影《ほうよう》』で見かけた時に魅了され、いつか実物を見てみたいと、玉ノ井周辺を虱潰しに探し回った。運良く容易に見つけることができたのだが、映像以上の迫力に、見た瞬間メドゥーサにでも会ったように完全に身体が固まってしまった。残念ながら、近年取り壊されてしまったが、あの日の圧倒的な存在感は未だ忘れることが出来ない。

この新興玉ノ井には、ほかにもスナック街のような一角に、滑らかな曲線を描くバルコニーがタイル貼りの建物もある。滝田ゆうの画集に見られる、戦前の玉ノ井遊廓で用いられた様式が受け継がれたのだろう。

ものすごい迫力！

玉ノ井外部を抜けた路地の真正面に、**スペイン瓦を用いたカフェー調の銭湯**がドーンと、通りを塞ぐように立ちはだかる。周辺環境に合わせて設計されたのではなかろうかと思うほど、完全に遊廓跡の町に調和している。

男女分かれた入口から入ると、番台がお出迎え。脱衣場は長い**歳月を感じさせる焦げ茶色の空間**が広がっていた。

高い天井は模様などはないもののシンプルな格天井で、柱もツヤツヤに黒光りしている。板張りの床面も足に馴染む。昨今のビルの中の銭湯の、あのせせこましさに慣れていると、昔馴染みの規模がやけに広く感じられる。

休憩スペースにゲームのテーブル筐体が無造作に置いてあるミスマッチ感に思わず笑みがこぼれる。

浴室に入ると目の前に**富士山のモザイク画**が飛び込んでくる。男女を分かつ壁も絵付けのタイル絵になっており、緑眩しい田園風景が描かれていた。

浴槽は泡と電気の二つと思いきや、中は仕切りもなくつながっていた。浴剤の入った日替わり湯の掲示があったが、実質白湯はないことになる。とはいえ、東京下町の

スペイン瓦の銭湯・隅田湯

銭湯にしては温度も42℃オーバーくらいで激アツではなく、長く浸かれた。かなり湯がソフトに感じられたが薪だろうか。なんにしても、富士山をバックに入る風呂は気持ちがいい。

思いのほかゆっくりでき、嬉しい誤算だった。早い時間だったこともあって、じいちゃんでいっぱいだったし、こういう町の銭湯が元気に現役でいてくれるのは本当に頼もしい。なんて思っていたら、２０１６年に廃業とは。

酎ハイ街道の記録

玉ノ井外部の北側で、東西に走る道路に出る。**鐘《かね》ケ《が》渕《ふち》通り商店街**といって、大衆酒場好きの間では**酎ハイ街道**と呼ばれている。沿道に、地域密着型の小体な居酒屋が点在しているのだ。

しかし道幅８ｍから20ｍへと拡張する計画が進行し、ほとんどの店が立ち退きとなってしまった。実際行ってみるとそんなに交通量も多くなく、片側一車線で極端に狭いとも感じられない。世田谷や多摩地区の万年渋滞抜け道などと比べるべくもないのに、何故?と思わざるをえない。スカイツリー完成に伴うイメージUPの便乗工事にしか思えないのだが。

現在は立ち退きが済み、道路も整備されたが、ここにあった居酒屋の中には、立ち退きリミットのギリギリまで営業した店も結構あった。その一つ**和楽**に、当時お邪魔することが出来たので記録しておく。

「奥様公認」下町酒場

棟割のような2階建て木造モルタル看板建築が連なる一角、**「奥様公認」というインパクトありすぎる看板**が目を引いて離さない。スナックのダジャレ店名に似たテンションを感じたので、サテンのシャツ着た茶髪のマスターなんかがいるんだろうと思いきや、入店してビックリした。

L字型のカウンターが奥まで延びる細長い構造の、**完全な下町酒場。**ほの明かりに、壁という壁に貼り巡らされた、クセのある筆文字の品書きが浮かび上がる。全体に琥珀色の空間で、カウンター内部に胡麻塩頭の気《き》っ風《ぷ》の良さそうな、相当齢を重ねたと思しき寡黙なオヤジさんが佇んでいる。週末でもない平日の雨の夜、客は自分以外常連のサラリーマン一人だけという一見には完全アウェーの状況だったが、片隅に居させてくれる空気感があった。

とにかく注文せねばと、和楽ハイボール２５０円をオーダー。安いが、創業当時の50年前は40円だったらしい。カウンター上に焼酎とエキスの入ったジョッキに炭酸が置かれ、オヤジさん自ら炭酸を注いでくれる。

琥珀色がはっきりと映えるボール（＝焼酎ハイボール）で、焼酎は色味ほど多くない。炭酸は好みの配分で、エキスの苦甘さがさりげなく立っている。昔は焼酎の質が悪かったので、誤魔化す目的で**梅味や葡萄味のエキス**をたらしたのが始まりらしい。この界隈は工場が多く、労働者が安い酒を買っ喰らうニーズに合わせたという。このエキスの苦甘さはそうした歴史が染みている所以に思えてしまう。

ボールと一緒に頼んだのが、特製煮込み４５０円。平皿で出てきて、皿自体はさほど大きく感じないながらも、チビチビ食べててもなかなか減らない。汁もトロミがあるが、モツも脂分が多い。このとろける食感がなんともクセになってくる。弱火で長時間煮込んでいるそうだが、その効果だろうか。

そろそろ二品目にいこうかと思ったら、先に件のサラリーマンが太巻きを頼んだので、それが出来るまで待つことに。すぐ出てくると思いきや、オヤジさん奥に引っ込んだまままなかなか出てこない。やっと出てきたと思ったら、なんと寿司を巻いていたらしく、手作り感溢れる鉄火巻きが登場した。太巻きって、巻きが太いってことなのね。

自分は**名物にらたま**450円を。オヤジさん、玉子を溶き始めたと思ったら、おもむろにフライパンで炒めだした。適当なところで蓋をして蒸し、放置。

出来上がった品は、結構な大皿で、中央にすりおろしたニンニクと生姜を醤油漬けしたような黒い物体が乗っかる。玉子は半熟という感じはないが、ホワンとソフトな仕上がりで、ニラの苦甘さと黒い物体のしょっぱさ。**これにボールが合う**んだ。玉子自体の下味はそんなにないと思うが、黒い物体がかなりしょっぱく、完全にツマミな味付け。

気づけばすっかり、何十年もの歳月で出来上がった空間で落ち着いてる自分がいた。**他所からの若輩者でも包みこむだけの包容力**があるのだろう。

こんな感慨を裏付けるかのように、最後にオヤジさんの言った一言が忘れられない。会計の時、初めてオヤジさんは自分に声をかけてくれたのだが、「雑誌見てきたの」というので、「人から聞いて……」なんてはぐらかすと、「そんなところだろうと思った。ずっとやってるとね、パッと見ただけで分かるんですよ」とニコヤカに話してくれた。こっちも「そうなんですか～！」なんて感心して、そろそろ店を出ようと話を切り上げる素振りを見せた瞬間、最後に一言、「**またいらっしゃい**」ときた。くぅ～、オヤジさんカッコよすぎだわ。

立ち退き後、この和楽含め多くの酎ハイ街道にあった居酒屋は、近場で営業を再開した。ホッと一安心ではあるのだが、通り沿いに軒を連ねていたが故に成立していたあの「場」は、もう戻ってはこない。

コラム３

遊廓跡といえば、新幹線も停まる**大宮駅**は昔から中山道の宿場街として栄え、駅東口の繁華街には**赤線跡**のほか、往時の賑わいを想像させる痕跡が結構残っている。2017年12月17日、大宮の風俗店で火災が発生したというニュースが報じられたが、その瞬間もしや!?と思い映像を確認したところ、やはり大宮駅東口にある赤線跡に出来た風俗街からの出火だった。

北銀座と称される一帯が赤線跡。行ってみると、出鼻から「酒の店セイカ」って看板が倒れてる廃墟が現れたりと、なかなかの頽廃ぶり。木造平屋建築の路地の奥にラブホがあるあたり、こうした木造建築が軒を連ねる先に旅館があったことを忍ばせる。そんな中に現役のソープも見受けられるが、明朗会計の気配がまるでない（勝手な思い込みだが）。三重塔の破れた看板の奥、結構よさげなモルタル壁が見える風俗店物件だが、ネグリジェのオネエチャンが出入りするわ、ポン引きがうろつきはじめるわで、おちおち撮影できず、退散と相なった。

赤線跡の物件

北銀座があるということは**南銀座**があるわけで、地元民からは**ナンギン**と呼ばれ、現役の繁華街として賑わっている。路地に入ると旅館めいた立派な造りの木造家屋とか、風俗街を抜けた路地の先にイキナリ出現したりするのだが、髙島屋の裏に、デパート脇とは思えないトタン張りのヤレた家屋群があって、その中に昭和のデパートによくあったお好み食堂が、髙島屋の上階から落っこちてきたかのように佇んでいる。

この**多万里《たまり》食堂**にはチャンポンや玉子丼といったステキな食堂メニューが並ぶ。グリーンピースが乗ったラーメンとかチャーハンが未だ現役。東口界隈には**珉珉《みんみん》**や**ことぶき食堂**といった年季の入った町中華が相当数見受けられる。

かなりの規模の宿場だった街が未だに賑わいを見せているのは、**氷川《ひかわ》神社**の存在が大きいと思う。東京・埼玉近郊にある氷川神社の総本社で桜の名所としても知られるが、氷川神社一帯が東京から近い避暑地的な場所として、今でいう軽井沢的な感じで緑を求め、明治期の文人なども訪れた一大レジャースポットだったらしい。今でも氷川神社有する大宮公園一帯には大宮アルディージャの本拠地NACK5スタジアム大宮や大宮競輪場（競輪場としては全国でも有数のグルメ売店の多さ!）といった施設が集中している。なの

多万里食堂のチャーハン

で、氷川神社と駅（中山道の宿場）の間が栄え、今でも東北・北関東から来る電車が集結するターミナルとして人の行き交う町に、歴史的な痕跡が残っているのだろう。

中でもこの一帯が一際賑わうのが**十日市**《とおかまち》。いわば酉の市だが、大宮では毎年必ず12月10日に行われ、吉原の鷲神社に負けないくらいの規模と人出なのだ。12日は**浦和の十二日市**《じゅんにんちまち》、15日は**川口神社のおかめ市**《いち》と、京浜東北線を南下していくから面白い。どれもこの街にこんなに人がいるのかってくらい大混雑する。

大宮の西口にはかつて川越まで延びる西武大宮線というチンチン電車が走っていた。その駅が大宮駅西口のニューシャトル脇辺りにあったようで、桜木町交差点に延び、川越方面へと進んでいた。

この廃線跡と思しき辺り、民家に隠れるように佇む**漫々亭**は、大宮のソウルフード、スタミナラーメンやスタカレーを出す**娘娘**《にゃんにゃん》の関連店。スタミナラーメンとは、ニラと挽肉に豆板醤を入れた餡かけラーメンで、スタカレーはそれのご飯版。カレーと言っても見た目だけで、スパイスなどカレー要素は一切なし。浦和から上尾《あげお》にかけて数店舗広まっていて、味も独特ならどこも値段が異様に安い。北浦和の娘娘など、スタ

氷川神社の十日市は大賑わい

大宮のソウルフード

ミナラーメンもスタカレーもチャーハンも450円、ギョウザだって250円で食べられる。

大宮周辺だけでも見どころ満載なのに、浦和や上尾にも独特なカルチャーが見られ、さらに方々に延びる街道筋には、東京では見られなくなった自販機の並ぶドライブインや、山田うどん以外のローカルチェーンが発展している。川越の蔵の街以外の魅力や、行田《ぎょうだ》や熊谷《くまがや》の地グルメなど魅力的なものばかり。いつか機会があったら、埼玉を大々的にフィーチャーしたいと思っている。

第8章 物流が町を変える

貨物線から臨海部へ、葛飾・江東・品川の旅

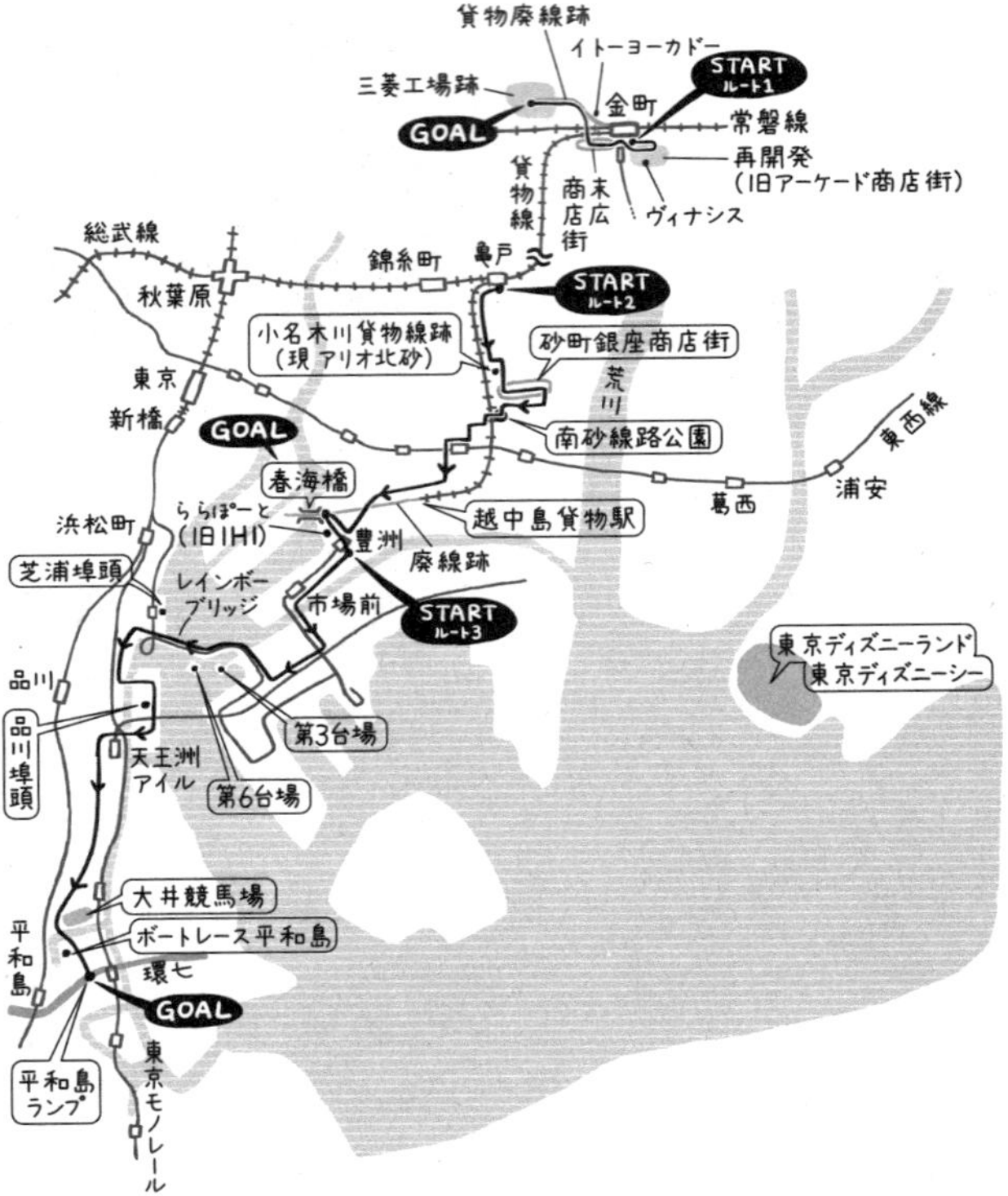
貨物廃線跡
イトーヨーカドー
START ルート1
三菱工場跡
金町
GOAL
常磐線
再開発
(旧アーケード商店街)
貨物線
商店街
末広
ヴィナシス
総武線
錦糸町
亀戸
START ルート2
秋葉原
小名木川貨物線跡
(現 アリオ北砂)
砂町銀座商店街
荒川
東京
新橋
GOAL
南砂線路公園
東西線
春海橋
ららぽーと
(旧IHI)
越中島貨物駅
葛西
浦安
浜松町
豊洲
廃線跡
芝浦埠頭
レインボーブリッジ
市場前
START ルート3
東京ディズニーランド
東京ディズニーシー
品川
品川埠頭
第3台場
天王洲アイル
第6台場
大井競馬場
平和島
ボートレース平和島
環七
GOAL
東京モノレール
平和島ランプ

路地裏、セルフ焼きホルモン

戦後、右肩上がりの経済成長を支えたのは、下町の町工場などの技術力にあることは周知の事実だろう。日本品質のニーズが国内はもとより海外でも高まり、生産性を上げるため、労働者が全国から都心部に集まり、さらに工場が大規模となり、用地を求め郊外へと移っていく。

工場がある街は労働者の住宅が増え商店街が形成され、資材や出来上がった品を運ぶための物流が発達する。今日のように道路が整備されるまでは、古くは船運、その後鉄道が主流となった。こうした工業とともに発展した街や路線を見ていきたい。

金町《かなまち》といえば、紅葉や桜の花見でも有名な行楽スポット水元《みずもと》公園が知られているが、こち亀で一躍全国区となったお隣の亀有《かめあり》や、寅さんの柴又《しばまた》に比べて地味というか、千葉の手前の街という印象くらいしかないかもしれない。

しかし商店街が多く、中でも南口の**すずらん通り**はアーケード商店街として結構知られた存在だった。だったというのは、商店街一帯が再開発地区となり、2006（平成18）年頃には多くの商店が撤退、アーケード自体も2008（平成20）年に撤去され、２００９（平成21）年の複合ビル、ヴィナシス金町の完成に伴い、ほとんど商店街としての機能は失われてしまった。

金町はかつて、北口にあった**三菱製紙とガスの巨大工場**で栄え、現在建つヴィナシスも三菱製紙の社宅があった場所という。駅前には**労働者を当て込んだ酒場**が軒を連ねるようになり、**社宅に住む主婦向けの商店街**が発展した。再開発で街は大きく様変わりしようとしているが、そんな中にも、昭和の発展の痕跡は残っている。

すずらん通りのあった一角より東側のブロックは、まだ開発されていない路地が残っている。駅前ロータリーから路地に入った途端、木造モルタルの建物に、飲み屋が2軒、暖簾をはためかせている。

上）閉店したゑびす　下）大力

手前にあった**ゑびす**は、**コの字カウンター**のみの小体の小粋な居酒屋で、丁寧で見事な仕事が加えられた品々が下町価格で味わえる名店だったが、近年惜しまれつつ店を閉じた。

だが隣の**大力**《だいりき》は、典型的な**場末臭のする**

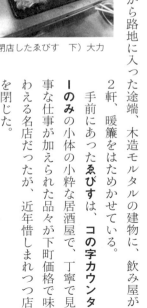

佇まいで元気に営業中。昨今増えている**コンロで自ら焼くホルモンスタイル**。

店内は想像通り、煙で燻《いぶ》され全体が焦げ茶色に変色している、実に枯れた風情。オッサン客でワイワイ盛り上がっている。続々やってくる客に、フロア担当の女性が無愛想にコの字のカウンターの奥から席を空けず詰めるよう促す。この手の店で接客云々をいうのは野暮。ワンサカ詰め込んで右から左に客を捌くことで成り立っていて、それでこの店の雰囲気は作られているから、それを是として楽しまないと。

で、とりあえず**焼酎ハイボール**370円を頼む。目の前でその店員が、グラスに氷と炭酸とウイスキーを入れ、最後に焼酎を注ぐのだが、**注ぐと言うよりブッカける**という感じで、ジャボ!っと液体を投げつけるのだ。**超こぼれてる**んだけどお構いなし。これがもう笑っちゃうくらい、この店らしい。でもこれが、適度な苦みとDRINK・NIPPONの炭酸の絶妙なバランスで実に飲みやすく、いくらでもイケちゃいそうでヤバい。

すると続々と奥の厨房から暖簾越しにホルモンが差し出されてくる。カシラ・タン・ハツ各600円、それぞれかなりの量が銀の皿に乗っている。食べる分だけガスコンロに乗せると、結構早いこと焼けてくる。色が変わって熱々のを頬張ると、思った通り、ビンゴ！　ホクホクで柔らかく、肉々しさがあるのにスッと食べやすく胃に収まる。生で見た時も直感したが、これは結構新鮮やね。辛めでサラッとした醤油ダレがこれまた絶妙で、肉の甘さを損なわない程度の味の濃さ。さらに、ハイボールが欲しくなる辛さも保っている。どの部位も品質に遜色ないが、特にカシラがお気に入りになってしまった。

箸休め的にネギも頼む。直で火のあたる野菜はやはり焦げやすいが、この苦甘さはやっぱり病みつきになる。

再びカシラを堪能し、店を後にした。外に出ると、店内の賑わいが嘘のようにヒッソリと冷たい風が頬を刺した。ビルに囲まれた低地に吹き込む風は冷たく感じるが、身体はホルモンと店の熱気でホカホカだった。

いい銭湯があれば入るのが本書流

金町駅南口ロータリーの大力とは反対側に、京成金町駅脇から**末広商店会**が延びている。**金町で二番目に古い商店街**とのこと。しかし今や多くの商店がシャッターを閉め、再開発エリアとは対照的に裏寂しさが漂っている。とはいえ、かつての金町の風情を留める建物が残っており、**往時の金町の雰囲気**を感じさせてくれる。

末広商店会を抜けるところにある**金町湯**は、千鳥破風の古典的な東京型銭湯。

入口からしてもう立派。傘立てで隠れているが招き猫の**タイル絵**まである。男湯女湯の磨りガラスの下、番台のオバチャンの後頭部が見えているが、男湯の内部にも暖簾がかかっており、番台が直で見えないという気の使いよう。

千鳥破風の東京型銭湯・金町湯

金町で唯一残った銭湯と聞いていたので、金町の銭湯離れも深刻だなぁと思ったのだが、入ってみてビックリ！　開店時間すぐで客でほぼ一杯という盛況っぷり。若い人も来てるし、こりゃ凄いね。

脱衣場にはちょっとした庭も見えて、天井も高く、デカイ羽根の旧式シーリングファン（天井にぶら下がってる扇風機のアレね）がユックリ回転している。

浴室の銭湯絵師・中島敦夫氏のペンキ絵も富士山で古典銭湯の王道と思いきや、サウナがついてて、これがなんと無料！　スチームサウナにしてはやや熱めで３人程の広さながら、実に気持ちいい。大小２つある湯船はすべてに緑色の入浴剤が入っているが、42℃程と銭湯としてはぬるめで、久々に銭湯で長湯してしまった。入浴後は庭近くの窓辺で風に当たりながらマッタリ。ゆっくり休憩できるスペースではないが、精神的な気持ちよさがある。活気があって、なおかつ現代に息づいている姿に、只々驚嘆するばかりだった。

金町湯の先で南に折れると、営業している店が増えてくる。その中に**ブッチギリで異彩を放つ一店**が**協実食鳥**。サビが垂れ下がりまくったトタン看板がインパクトあり過ぎるが、夕闇の空にオレンジの灯が浮かび上がる姿は美しすぎて言葉を失う。

店名は「きょうみしょくちょう」と読むのだが、なんだか昔の小鳥のペットショップみたいで一瞬ビビる。食っちゃやダメだろと。

「きょうみしょくちょう」と読む

唐揚げなどの惣菜も気になるが、**右隅に迫り出した焼き鳥のケース**と、そこの**焼き台で番を張るおっちゃん**の姿に目を奪われる。串焼きは、つくね・レバー・とり・ねぎつき（＝ネギマ）の4種がオール110円。焼き台の隣は喫煙所になっており、近所のニイチャンがカツを頬張っては一服し、おっちゃんと駄弁《だべ》ってる。

ねぎつきを注文するとおっちゃんが店の奥へと消えた。しばらくすると軽快なチン！の音とともにホカホカの焼き鳥を持ってきた。あ、ケースのは下焼きで、注文の度に焼いてくれるんじゃやなかったのね。

少々意気消沈してしまったが、食べてみるとこれがもう超ホクホク！　しっかりと鶏肉の淡白ながらジューシーさと肉の甘みを残した焼き上がりで、旨みが口中で広がる。適度な焦げ目もジャンキーなアクセントになっているし、ネギもしっかり火が入ってシナシナでもう本当に甘い。

タレは見た目ドロドロだが実際はさっぱりとしていて、なのにコクも生きている。後日ワインが隠し味と知る。やはりタダモノではなかったか。

食べながら少し会話に加えてもらったが、かれこれ40年営業しているとのこと。聞くところによると、**地元の子供が駄菓子屋感覚で放課後に集う**という。正しい。実に正しい！

貨物線の廃線跡で見た光景

ここからは、三菱の工場の痕跡が残っていた頃に散策した記憶を辿っていこう。

協実食鳥の前の道を北へ進むと、常磐線の線路をアンダーパスしたところに、**屋上が自動車教習所になっている**世にも奇妙なイトーヨーカ堂が現れる。

この脇に、**綺麗なカーブを描いている道**がある。三菱製紙・ガス化学東京工場へ続く貨物の専用線が走っていた箇所、つまり**廃線跡**だ。ヨーカ堂から先は、人家のすぐ裏手を通る。さらに進むと、三菱製紙情報システム部金町センター脇に踏切を発見した。

イトーヨーカ堂横の廃線跡

ここから先が三菱の私有地となっている。現在は再開発も完了し東京理科大や高層マンションが出来ているが、当時はまだ更地で、周囲は白い工事用のフェンスが張り巡らされていた。どこからかアレが見られないものかと、うろついてみる。アレというのは、**常磐線の車窓から窺える謎の球体**のことで、勝手にタコと命名していた。

確かこの辺だったかなぁという位置まで来ると、フェンスの間に隙間を見つけた。覗いてみると……デカッ！　錆びた球体は砂利の平原にポツンと、まるでソ連邦時代のSF映画のような異様な光景だ。その脇にはレンガ倉庫があり、タコと並ぶとさらに存在感が増す。

このタコ、三菱製紙で用いられていた「蒸し釜」と呼ばれるもので、球状の中の空洞に古紙を入れ、再生紙にするものだった。現在は敷地内の公園に場所を移し、**地球釜**という名称で保存されている。ここで生まれる子供は、このタコを見てなにを思うのだろうか。

貨物線は三菱以外にも、金町から新小岩《しんこいわ》への**新金《しんかね》線**、さらに総武線を経由して亀戸《かめいど》付近から越中島《えっちゅうじま》へ至る**越中島支線**と繋がっている。亀戸駅に移動し、線路沿いに探索してみよう。

とその前に腹ごしらえ。亀戸といえば亀戸天神、船橋屋の葛餅などで知られる歴史ある街というイメージがあるが、実際のところ、駅前はパチンコ屋や水商売など夜の店がゴチャ

三菱製紙で使われていた蒸し釜

ゴチャと密集している繁華街だ。戦前は**亀戸天神の裏手に私娼窟**があり、浅草の私娼窟が震災で、先述の玉ノ井と、この亀戸に分かれてきたらしい。戦後は衰退したというが、そこはかとなく猥雑な雰囲気というのは残るものだ。

風俗店など激狭店が軒を連ねる横丁に、派手な看板を出して背脂量をウリにしているラーメン店が、**司**《つかさ》。背脂好きとしては、スルーするわけにはいかない。これは背脂MAXに挑めということだろう。受けて立つ！

中はまさにウナギの寝床といった奥に長いカウンターだけの店で、小料理屋の居抜きだろうか。席について背脂量の表記を確認して、ご主人に注文を告げる。

らーめん鬼もり背油６００円がやってきた。表面に膜を張る透明な脂の層があり、その下には細かな背脂がこれでもかと埋まっている。いやはや、こりゃスゲーな。鬼もりの名に相応しい。スープを飲んでみると、**ほとんどサラダ油を飲んでいるような状態**。しかも透明な脂は刺激的な熱さがあって、ゴクゴクと容易く飲ませてはくれない。なかなか手強いぞ。

鬼もり背油では初めから刻みニンニクが入っており、油の

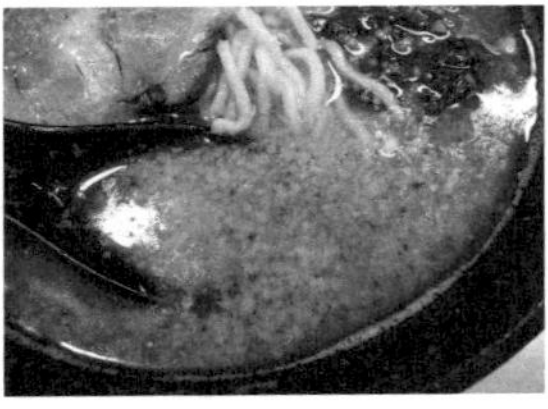

細かな背脂がこれでもかと！

海を飲んでいると背脂と一緒にニンニクが入ってくる。脂と醤油とニンニクだけで独特の味わいの一杯に出来上がっている。ニンニク好きでもあるので、この組み合わせは悶絶モノ。麺も中太で硬く、ボキボキした食感と背脂と醤油とニンニクのバランスは、唯一無二のワールドに誘ってくれる。

こりゃ途中でノックダウンかと思いきや、思いのほかユトリを持って完食できた。このニンニク量は平日に食べる勇気はないが、こりゃクセになりそうだ。

ディーゼル機関車に遭遇!

司の路地を出たところが京葉道路で、総武線と並走していた越中島支線がオーバーパスしている。線路を追いかけて、脇道に逸れてみる。

町工場や住宅が建ち並ぶ中を彷徨《さまよ》っていると、突如として**高架の橋脚**が現れる。しかも**レンガ造りで、桁が低い**こともあって下を潜ると薄暗く、余計にダークサイドな雰囲気に溢れている。この先に待っている光景へのプレリュードと思えば、なかなかの演出かもしれない。

線路に沿って歩ける道が途切れ途切れで、明治通りに出たりしながらクネクネと南下していくと、現在アリオ北砂《きたすな》となっている広大な土地に出くわす。ここはかつて越中島支線の**小名木《おなぎ》川貨物駅**だった。全盛期はコンテナ車やタンク車、車運車などが集まる**貨物ターミナル**だったが、折からの取扱量の減少に伴い、2000（平成12）年12月に廃止となった。

駅は廃止になったものの、わずかながら一部車両が運行されている。アリオが出来る前は低い土手のようなところから線路脇に上がれる部分があり、そこから貨物駅のあった方を眺めると、**幾筋も分岐する錆びた線路**が走ってる様が窺えた。ここだけ都心にポッカリと穴が開いたような空の下、**線路の墓場**に来たかのような広漠とした光景に、ただただ圧倒されるばかり。キロポストのような木材が雨ざらしで朽ち、カップ麺や缶コーヒーなどのゴミが散乱、沿線は荒廃している。おあつらえ向きに使用線路脇にはロープが張られているものの、地元の若者が夜な夜な集っている様子が想像できる。

ぼーっと光景を眺めていると、遠くから振動が伝わってく

1日3往復のディーゼル機関車

るのを感じた。その方向を見ると、なんと**ディーゼル機関車が近づいてくる**ではないか。日曜を除き1日3往復しているようで、なんという幸運。ツイてるなんてもんじゃない。

軽食喫茶の「元祖純レバ丼」

この近くには東京の下町商店街の代表格というべき**砂町《すなまち》銀座商店街**がある。周囲の光景とは一変してここだけ人で溢れているが、かつては小津安二郎が戦前の長屋モノと呼ばれる作品群の舞台にした程、昔から下町として活気があったようだ。

砂町銀座の中に、**昭和のミルクホール**がまんま残っているような軽食喫茶**銀座ホール**がある。甘味以外にしっかりした料理が出てくるので気に入っていたが、久々に訪れてみると、何丁目の夕日なんだって感じに疑似レトロ調に改装されていた。

とはいえ、タイル貼りは見事だし、壁に掲げられた手書きのメニュー群から、店に立つ側は変わってない様子。

以前食べてヒットだったカツ丼にしようと思ったが、浅草の菜苑《さいえん》に端を発する**純レ**

バ丼が目に付いた。亀戸にも菜苑があるが、寄らなかったこともありつい頼んでしまった。

正式名は元祖純レバ丼というらしい。８６０円。小振りな鉢に盛られた見た目に、少なっ!と思ってしまったが、底がしっかりとあって、なかなかに食べ応えありそう。レバーも細切れで食感的に弱いかなぁと思ったけど、外はしっかり炒められ、中はホワンとレア感も生きている。ところどころ焦げたような香ばしさがアクセントになっていてイイ。

餡のようなトロミがあり、浅草菜苑とは別物なものの、この甘めの味付けのタレが柔らかめのご飯に合うんだ。

銀座ホールの元祖純レバ丼

そして付け合わせの鶏スープがあっさりしているのだけど、これがドツボ。こういう**脇腹を突つくような心意気**には本当に参ってしまう。

幼少の頃、親に連れて行かれた甘味喫茶を思い出し、食後のデザートについ頼んでしまったのが、クリームソーダ３２０円。驚いたことに、**アイスとメロンソーダがセパレート**でやってきた。日本コアップという会社のコアップガラナという品だそうで、なんだかこれだけ妙に大人感が強い。背伸びしたい子供にはこういうイベント性は丁度いいのかな。

アイスはシャリッとした食感で味はサッパリというアイスクリン路線。半分位飲み終えた後で、アイスとグチャグチャにして完飲。やっぱこれやっちゃうんだよね。

最初のうちはあまりの変わりように不安を隠せなかったが、どのような形であれ、味がキープされていて安心した。なんにしても、貴重な店であることに変わりない。

再び貨物線跡に戻ってきました

さて線路の続きに戻ると、小名木川駅跡地の隣に、**南砂線路公園**《みなみすな》という往時の水運を親水公園にした緑道が続いている。ここから、**仙台堀川**《せんだいぼり》**に鉄橋**が架かっているのだが、歩道と橋との間は2mちょっとしかなく、下から見るのもオツだし、横から橋脚の錆び具合を拝むことも出来る。

27号踏切はヤマダ電機の脇の踏切で、なんの気兼ねもなく線路がダーッと延びる様を観察できるナイスなビューポイント。このままほぼまっすぐ、越中島貨物駅に続いている。

東京メトロ東西線が地下を走る永代《えいたい》通りに出ると、運転免許の講習で来た人も多かろう、**江東試験場**が見えてくる。更新の際に一度来たことがあるのだが、その時に寄った**食堂**について記しておこう。

ベルトコンベア式に収入印紙やら写真撮影やら済ませ、2時間講習を受けて4階に上がると、交付所の脇に小さめの食堂が。入ってみると明るく小綺麗な学食といった風情。職員やらヤングやらでゴタゴタしているかと思ったが、昼過ぎとあってか閑散としている。

以前、埼玉県の鴻巣《こうのす》試験場で食堂を利用したが、そっちに比べメニューも少なく、ラーメンとカレー、その組み合わせしかない（ランチタイムにはもう少し増え、現在では通常メニューも増えている様子）。ほかに食べるところが多いからかな。カレー570円で、醤油ラーメン550円とのセットで720円って感じ。こういうところに来ると**無条件にカレー**と決めている。速攻出来上がり。

予想通りというか、味は至ってフツー。いわゆる学食の味。豚肉と若干粉っぽいド

27号踏切はビューポイント

ロドロのルーとタマネギの甘みと真っ赤な紅生姜のコラボは、一般的には印象に残らない味かと思うが、**食堂好きにはドンピシャの味。**アツアツじゃないから、すぐにカレーに膜がはっちゃうのはご愛嬌。

なかなか食べられないぞ、今の東京じゃ、と思うのだが、社食を食べなれた人にはなんで？ってな味なんだろうなぁ。でも窓からの見晴らしはいいし、都心にいて観光地の食堂気分が味わえると思えばお得感あるかもしれない。

食堂好きにはたまらない味！

廃線、首都高、臨海風景

試験場裏手、東京湾へと及ぶ一帯は工場や倉庫が建ち並び、いよいよ臨海部が迫ったという気にさせる。近年、工場の閉鎖に伴ってか高層マンションの建設も激しく、工場と倉庫とマンションという光景に殺風景さがより増してきている。この人気のなさが彼岸的でたまらないのだが、マンションというのも、人が住んでる箱なのに周囲

マンション脇の廃線

は人影がまばらでなんだか空恐ろしい。

そんなマンションに隠れるように、東京メトロ東西線の車両が垣間見られる。**東京メトロの深川《ふかがわ》車両基地**になっており、京葉線と越中島貨物支線が並行している。

奥の車庫の何本も並ぶ線路と手前の金網フェンスの間に、そこだけ取り残されたように雑草に隠れ、**異彩を放つ一本のレール**が確認できる。そのレールに沿ってさらに西へ行くと、越中島貨物駅の終点部分、コンクリートの塊が線路を塞いでいる。

ここから先は東京都港湾局専用線という**廃線区間**となる。小さな道を挟んだ向かい側に、マンションの駐車場に沿った空き地になっていて雑草生い茂る中に続く線路を発見。空き地は妙に広く、線路脇はちょっとした盛り土のような土台の段差がある。**まるで田舎の廃線跡のホーム**だ。そこに工事の関係者と思しきオッチャンが数人で煙草を吹かしていた。近々このレールも除去されて痕跡もなくなるだろう。

さらに向かい側のフェンスで囲われた空き地にも、**レール跡と思しき草木の生えぬ**

筋が残っていた。結構廃線跡らしき痕跡って追えるもんだな。

細い道路を挟んでまたもやフェンスで囲まれた雑草茂る土地がお出迎え。これまでと違って土地が狭く、雑草も伸び放題。なにか痕跡はないかと目を凝らすとレールが残存しており、その放置っぷりが手前の配電盤らしきものとあいまって廃線感を色濃く漂わせていた。

行く手には細い運河が流れていた。既に日が傾き始め、**橋からの独特の臨海風景**が美しい。あ、見とれている場合ではない。方向を誤らないようにと目標物を定めるが、マンションが遮蔽物となり、迂回した先がレールの延長線上なのか分かりづらい。

マンションの狭間に小さな公園があり、廃線跡はここだろうと当たりをつける。公園の先へ向かってみると、あった、**豊洲運河に架かる鉄橋の橋脚跡！**　西日に照らされ、ボコッと頭を出しているではないか。東京湾にこんな異物があったなんて。

線路は運河の向こうに見えるビバホームへと続いていたようだ。脇道の地面を見るとカーブを描く廃線跡がまるでモニ

豊洲運河に架かる鉄橋の橋脚跡

ュメントのように残っている。

線路はこの先ＩＨＩ（旧石川島播磨重工業）へと向かうはずだから、一旦、豊洲駅のある交差点へ出て、晴海通りを北上する。

夜景の見える精肉店で一杯！

とここで、豊洲に来たのだから、あすこで一杯やりたい。

通り沿いに**肉のイチムラ**というコロッケやメンチも売ってる精肉店があるのだが、ここの2階の**味処いちむら**は、その精肉店が営んでいる。肉料理が期待できそうでしょ？

階段を上がって扉を開けると、わぁっと人々の喧騒が一気に耳に飛び込んできた。**仕事終わりのサラリーマンでほぼ満席**状態。皆さん清洲《きよす》会議ならぬ豊洲会議で盛り上がっている模様。

家族経営だろうか、そんなノリの店のオネエサンに一人であることを告げると、二人がけの小さなテーブル席を作ってくれた。おしぼりで手を拭きながら改めて辺りを見渡すと、大きく取られた窓から高層ビルの**見事なまでの夜景**が展開してる。こりゃナイスビューだな。この空間で飲むのは確かにいいかもしれない。

　とにかくたくさんメニューがある中から、メンチカツ定食850円をセレクト。出てきたソレを見て、思わず「デカッ！」と声が出てしまった。**メンチがもう直径20㎝くらいある**だろうか。遠慮なくガブリといかせてもらうと、ソースがタップリかかっている割にザクッとした歯ざわりで、結構ハードな揚がり。衣はそれほど粗挽きではないものの、ザクザク感があっていいね。中身はさすが精肉店とあって粗挽き気味のミンチ肉の食べ応えが抜群。この甘み、恐らく牛が多く使われているからだろう。ソースは見た目よりあっさり目で味も濃くなく、肉の甘みを引き立てる。

　ご飯はそんなに柔らかくなかったが、味噌汁もモヤシのナムルみたいなのも付け合わせのサラダやナポも名脇役で、メンチをサクサク食べさせてくれる。

　意外とあっさり食べられ、あっという間に完食してしまった。夜は一人では勿体ない店だと思い、同行者を連れてきたこともあるが、**夜景を見ながらのチューハイと揚**

思わず「デカッ！」と声が出た

げ物はやっぱりサイコーだった。

晴海通りを北上すると、かつては海に沿ってＩＨＩの古い巨大造船工場が続いていたが、現在は近代的なショッピングモール、ららぽーと豊洲が出来ている。

晴海通りをそのまま銀座方面へ折れると**春《はる》海《み》橋《ばし》**を渡る。この橋と平行して海沿いにＩＨＩと日本水産を渡しているのが晴海線の晴海橋梁。ららぽーとが出来た今でも橋梁だけは残っている。**無機質な工場に架かる錆びだらけの赤茶けた橋**が、海に反射する陽の光に浮かび上がる。その迫りくる圧倒的な存在感。この風景は何度見ても震撼させられる。まるで自分の存在など無のような錯覚に陥る。

晴海橋梁の日本水産側には機関庫があり、**かつて機関車が残っていた**が、今はそれもない。そしてこれより先、もう線路跡もない。再び豊洲へ戻る道すがら、宵闇に包まれようとしている晴海橋梁を見る。改めて、線路の先にショッピングモールではなく、ＩＨＩという湾岸の工業が担ってきた象徴があったからこそ、圧倒的存在感を誇る風景になっていた、と思うのだった。

無機質な工場に架かる晴海橋梁

お台場といえば砲台や爆弾庫跡

せっかく豊洲まで来たことだし、お隣のお台場から臨海部を南下する貨物線など、この辺は見て回りたい**絶景スポットがてんこ盛り**なので、日を改めて昭和の高度経済成長の夢の跡を追ってみた。

開場を待つばかりとなった豊洲市場を経由して台場に入る。

お台場といえば、観光施設ばかり目立つが、少し外れるだけで雑草生い茂る広大な空き地が広がっていた。豊洲市場の工事が急ピッチで進むようになってからはそうした空き地も少なくなったが、それまではどこかで常に工事をしていて、重機が散見できる程度のなにもない風景がただただ広がるばかり。ゆりかもめが豊洲に延びる前から、ポツンと一人になりたい時は訪れたものだった。

有明を抜けるとお台場海浜公園に出る。この海浜エリアは13号埋め立て地に当たり、江戸時代から数ある台場の一つとしてその歴史を刻んできた。幕府が異国船の来航に備え築城し、ペリーの2度目の来航の際には、当初11箇所予定のうち、5基の台場が建造された。

お台場海浜公園から陸地で繋がる**第3台場**は1854（安政元）年竣工で、1928（昭和3）年に公園として整備された。周囲が高さ5mほどの石垣で囲われており、小高い丘のように築かれた土手を登りきると中央の窪地に**陣屋や弾薬庫の跡**が保存されている。石垣の上部には一部ではレプリカではないかといわれている砲台が2基展示されている。観光地のスグ近くに砲台とは穏やかじゃないが、このギャップになんだかゾクゾクくるものがある。

お台場のビーチから上陸できる

お台場のビーチから徒歩で上陸できるのだが閑散としており、電灯設備もないため、長年海風に晒された薄暗い闇の**妖気漂う建造物**に囲まれると、背に寒いものを感じてしまう。ここから見る、ライトアップされ海上に浮かび上がるフジテレビなどのお台場の眺めはまるで蜃気楼のよう。指先一つで倒壊してしまいそうなほど脆《もろ》く儚《はかな》く映る。

それよりもその奥に見られる**品川の倉庫群や港湾施設**は、ここ第3台場と同系統のどんよりとした闇を持ち、その無機質ゆえにシンプルなシルエットは重く、そして魅力的に迫ってくる。

　さてここからは、羽田方面へと東京の物流拠点となる埠頭の臨港風景を歩いていこうと思うが、それには**レインボーブリッジ**を渡らなければならない。バスでもゆりかもめでも渡れるが、実は歩道が整備されており、**徒歩で内陸部へ向かう**ことが出来る。レインボーブリッジは2層構造になっており、上部が首都高台場線で下部を一般道とゆりかもめが共有している。

　最初は緩やかに一般道脇の歩道を上っていくが、首都高と合流し地上20m超の位置に来ると、海風がビュービューと全身に吹き付けてくる。歩道には金網が設けられ、海側に投げ出される心配はないが、さらに真横を通り過ぎる自動車の風と振動に煽られ、絶叫寸前。**こ、怖ぇぇぇ！**

　しかも吊り橋だから揺れる揺れる。真っ直ぐ立っていられない。気づくと早足になっていたが、**陸からアクセスできない第6台場**を見下ろすことができたのは収穫だった。鬱蒼

上）ゆりかもめと並走
下）第6台場

と茂る緑はまるでそこだけ江戸期から取り残された、東京湾の楽園だね。内陸側の橋脚にエレベーターがあり、そこでようやっと地上に出ることが出来た。下りた先は**芝浦埠頭**。細く黒い配管が入り組むセメント工場や錆びたコンテナが積み重ねられている倉庫街で、その先にレインボーブリッジのループが浮かび上がる、背筋がゾクゾクする光景が展開していた。

港湾従事者向けの食堂、侮れない

この周辺は人通りがほとんどなく、大きな道路の海岸通りに出ても、トラックばかりで人影もまばら。頭上には海岸通りに蓋をするように首都高1号線がほぼ一直線に走っている。ここからトラックの排ガスでくすんだ首都高のドテッパラを拝む旅が始まる。そんな薄汚れたところばっか通る旅の何が面白いのか?と思われるかもしれないが、これが結構興味深いのよ。

芝浦埠頭から港南エリアに入るところで、浜松町から延びてきた**東京モノレール**が頭上に現れる。1963(昭和38)年末開通の**煤けた首都高第1号**に、ほぼ同時期となる1964（昭和39）年開通の茶色くくすんだ重厚感溢れる東京モノレールの橋脚が、青空と内陸のビル群を低空でビャーッと引き裂くように交差する。

1964年は東京オリンピックの年。これらは開催に合わせ急ピッチで整備された交通網で、モノレールは10月10日のオリンピック開会式直前の9月17日に開業している。既に修復を必要とする過去の技術が遺産のように佇んでいる。

その先でJRの貨物線がさらに頭上を跨ぎ、隣の品川埠頭へと延びている。埠頭はさらに入国管理局や物流倉庫だらけとなり、歩道には港湾従事者以外、自分だけの一人旅となる。あの人なんでフラついてるの?と不審者を見るような視線を感じる時もあるが、悪いことしてるわけじゃないし、キニシナーイ。

コンビニも近くにないような臨海部にあって、メシどころというのは、**社食や税関等の食堂**に依存せざるを得ない。

しかし最近はこういう所も食事が充実しており、部外者でも入れる施設も多くなった。企業や行政関連の施設でなくとも、これに準ずる**労働者向け食堂**は幾つか見受け

首都高と東京モノレールが交差

られ、**品川台場食堂**もその一つ。

以前はラ・メール品川といい、一見万博のパビリオンのような外観からも、シャレたカフェレストランなんぞを想像してしまう。しかし、品川台場食堂なんて先祖返りしたような名称からも窺えるように、小綺麗なものの、そこは正しく旧態依然とした社食のような空間が広がっていた。駐車場にはトラックのほかにタクシーの姿も見えたが、港湾労働者のほかにも各種ドライバーの利用も多いようだ。

入ってすぐ、券売機脇のサンプルを眺めるも、昼ピークを過ぎたためだろう、狙ってたステーキ定食は売り切れ。だが幸い、手書きボードに記されたこの日の日替わりAに**ビーフカツ定食６２０円**があった。よし、これで行こう。

食券を持って厨房の受け渡し処へ。こういうお盆持って配膳されるセルフ式って、肩掛けカバンだとお盆に料理乗せた瞬間、重さでツルンとショルダーが下がって、料理こぼしちゃうんだよね。

先に席取ってカバン置いてから戻ると、丁度出来たところで「A定食の方ぁ〜」と厨房のオニイサンに呼ばれた。慌て

激安！　ワラジ大のビーフカツ

てお盆持って受け取りに行くと、「セルフなので取りに来て下さいねー」と注意されてしまった。間が悪くてスンマセン。

にしても異様に提供が早かったが、やっぱ作り置きだろう。**ワラジと形容されそうな程の大きなカツ**で、タップリとソースがかかっている。これで620円とは、ちゃんとビーフなのか心配になってしまう。

しのごの言わず食うしかないと齧《かじ》ると、これが予想を裏切るサクサク加減。肉は**ちゃんとビーフ**。臭みもなくかなりイイ。かかってるソースはデミグラスのようで、スライスされたマッシュルームも混ざっており、これがかなりビターな本格派。

付け合わせのキャベツの千切りもシナってないし臭みもない。味噌汁も濃いめでご飯もカチカチじゃなくちゃんと甘みもある。最近のこういう店も侮れない。

そこそこボリュームもあって、食べ切っても未だこの値段が信じられない。これはもうほかにメシ食うところないから**仕方なく寄る店じゃないね**。なんてことを、無料のセルフのお茶をズルズル飲みながら思うのだった。

鉄火場は穴場大衆食天国！

こっちにきたら**天王洲**《てんのうず》に寄ってみよう。ここは綺羅びやかな超高層ビル群が建ち並ぶエリアで、京浜運河沿いには高層マンションも続々出来上がっている。運河とビルが運河の水面に映える光景はなんとも幻想的。この世の風景じゃないみたいな不思議な気持ちにさせられる。

このそびえ立つ新しい技術によるビル群も、目の前に走るモノレールや首都高のようにいつか過去の技術となる。この産業の代謝が一度に見られるのは臨港エリアならではの醍醐味。

モノレールと1号の並走は**大井競馬場**

大井埠頭をぼーっと歩く

の辺りまで続く。この海側が大井埠頭で、東京国際コンテナターミナルとJR貨物の巨大なターミナル駅を擁する巨大な敷地が広がっている。ここまで以上に道路はトラックで溢れ、ガントリークレーンにうずたかく積まれたコンテナの山という、普段生活しているのと同じ東京の風景とは思えない浮世離れした光景に目を奪われてると、いつの間にか時間が過ぎていく。実際は、重い車が通るので道は揺れるし、空気もどんよりしてるんだけど、ふと日常から離れたくなると思い出して来てしまう場所なんだよね。この埠頭でぼーっと歩いてんの俺だけなんだろうなって感じがね、タマンナイのよ。

モノレールを追っていると大井競馬場駅に着いた。モノレールの**車窓からは厩舎にいる馬が拝める**し、近づくだけで馬糞臭がプ〜ンとそこはかとなく漂ってくるので、ここに競馬場があると実感させられる。

この南側に**ボートレース平和島（平和島競艇場）**があり、この一帯が一大公営ギャンブルエリアと化している。公営ギャンブルというと第1章の大山の競馬場ではないが、ギャンブル依存症で身を滅ぼすなど負の面が思い浮かびがちだが、実は酒場や食堂、スナック売店が数多く営業している**穴場大衆食天国**なのだ。

自分も行ってみるまでは、昭和の高速道路パーキングエリア的な、出来合いの冷凍食品を温めたような簡素な売店があるだけじゃないの?と高を括っていた。しかし実際は、店ごとに仕込みをしている所が多く、**競技場ごとに名物の食べ物**が最低でも1つや2つ存在しているのだ。

しかもそれらを、芝生やベンチに腰掛けて、青空の下、周りに気兼ねすることなくカブリつける開放感があるものだから、余計に旨く感じられる。安くて旨い、そんな**青空大衆酒場**に行かない手はない。

競馬場はテレビCMのようにおシャレなイメージに変えようとしているが、競艇はよりハードな鉄火場を想像していた。サスガに平日昼間から集うのはオッサンのツワモノどもばかりなれど、場内はあまりゴミが落ちてないし、施設の古さに反してなかなか綺麗に保たれている。掃除のオバチャンもチョイチョイ見るし、トイレも綺麗。

場内をフラついていると、舟券の券売所が並ぶ対面に飲食店が軒を連ねているのを発見した。その間に予想屋がいる。**無料のお茶**で喉を潤し、定食屋の一つ、**はまかぜ1号店**へ入ってみる(2016年に、煮込みのお店 おおこしに店名が変わったようだが)。ギャンブル場にはモツ煮が名物な所が多く、中でもコチラは全国でも屈指の人気店らしい。

入店すると右手が売り場になっており、注文と同時にお代を払う立ち食いそば形式。元気なオバチャンから「よかったらオシンコ持ってってね」なんて声をかけられつつ、適当な席に着く。

モツ煮込みライスは700円。マグロのブツギリ大のモツが平皿にゴロゴロ。濃いめの汁に薬味のネギのみ。これが、食ってみるとなんとも柔らかいモツ！　**箸で持ち上げられないくらいトロトロ**。部位的にはフワ（肺）といって、見た目が赤黒いことから、余所では赤や黒なんて呼ばれることも。フワはギャンブル場以外の、モツ焼きや煮込みの店ではほとんど見かけないから不思議だ。こんなに美味しいのに。

　そしてなんといっても汁。超濃厚。スゴくよく煮込まれている。この甘めの味付けに、ネギがなんとも合う。やや硬めのライスと一緒に頬張ると、もう箸が止まらない。瞬殺とばかりに一気に完食。いやはや、もう一杯食べたい！

競馬場の定食屋・はまかぜ１号店

ここはテイクアウトも出来るので、店頭でオバチャンの「アジフライ揚げたてだよ〜」の声に、堪らず買い求める。白いトレー片手にスタンドに上がり、ボートレースをボーッと見ながら頬張るカリッカリで身厚のアジフライのなんと旨いことか。

慌ててチューハイも買い込み、しばし東京湾から流れ込む海風に吹かれながら、モーター音をBGMにマッタリと過ごす。舟券を買って楽しむのがモチロン正道だろうが、こういう過ごし方も全くアリなのだ。**鉄火場メシの懐の深さ**を思い知らされた。

ジャンクションってカッコイイ

平和島競艇から南へスグのところ、TRC（東京流通センター）が見えてくると、目の前に**変則的な巨大な陸橋**が。上空から見るとY型のJCT（ジャンクション）を2つ、鏡に映したように対称にくっついたような形になっている。環七と1号羽田線が十字にクロスして跨いでいる大きな橋を中心に、双方行き来出来るような小さな橋が密集している。その見た目から**クローバー型と呼ばれるJCTに近い形状**だが、北西側だけループがないので、四つ葉ではなく三つ葉なんだけどね。

平和島ランプレーン

所々に歩道橋が設けられ、徒歩でも上からＪＣＴの形状を見渡すことが出来る。さらに東側の南北の縦断だけ、環七の坂下の台地を掘ったトンネルとなっていて、クローバーのループの構造や補強ケーブルを間近に観察できる。なんだかガンダムチックな構造体でカッコイイのよ。

トンネルの中は薄暗く、ペットボトルのゴミやらエロ本やらがあちこちに散乱している。京急線平和島駅からも近く、オフィス街や市街地と違った、臨海部の車文化らしい光景を眺めるには恰好のスポット。

次章では、首都高、モノレールときて、もう一つ、東京オリンピックを機に整備された環七こと環状七号線を探索しに、グルッと半周した先で見てみよう。

東京湾の物流といえば、**千葉港**を避けて通るわけにはいかない。海外からやってくるコンテナの貿易港としては貨物取扱量全国第2位で、日本三大貿易港に名を連ねるデカさ！

ＪＲ京葉《けいよう》線の千葉みなと駅から、千葉港を巡る観光船が出ているので、船上から臨海の工場見学をすることができる。千葉みなと駅から徒歩で行ける千葉ポートサービスを出ておよそ40分のツアーだ。船上からは周りの工場群がよく見える。コンテナをピックアップする麒麟《きりん》ことガントリークレーンに、小麦・大豆等の穀物や飼料を備蓄するサイロ、ＪＦＥスチールの製鉄工場の無数の配管など、陸地からは拝めない光景が次々展開し、その複雑な直線が入り乱れる造形美・機能美に見とれてしまう。

千葉港を巡る観光船からの景色

千葉みなと駅はＪＲ京葉線のほかに**千葉**

都市モノレールも通っている。このモノレール、懸垂型というレールの下にぶら下がるタイプで、下に遮るものがないから見晴らしがいい反面、足元になにもない宙ぶらりん状態なのでなにげにかなり怖い。県庁前方面は千葉市の区役所や県の施設が建ち並ぶ中心街をぐるっと回る路線なので、ランチスポットや夜の飲み屋を巡るにも持ってこい。

喫茶店の**呂久呂**《ろくろ》には、カレートースト570円なる名物がある。半斤のトーストの中にカレーを流し込んだという想像を絶する代物。でもどーやって食うの?と思うが、店員が丁寧にレクチャーしてくれる。トーストの底の方に埋まっているパンの中身をフォークを使ってカレーの海から救出する形で食べる。それで、中身がなくなったら、外壁を攻略するのだ。カレーは辛さ控えめでトロッとしたやや酸味のあるタイプ。パン自体はしっかりトーストされて、底のミミまで美味しく完食。一斤のジャンボサイズがあるというのだから、千葉、恐るべし。

一斤のジャンボサイズもある

夕方からは**八角**《はっかく》の暖簾をくぐるのがお決まりコース。一見ありふれた居酒屋ながら、驚きのメニューの数々が続々と卓上にやってくる。カキ氷のイチゴシロップみたいな赤い液体を素手で摑んで取る氷で割った謎の焼酎メニュー「アカ」。皿にテンコ盛りな大根サラダ490円。もつ焼き180円のカシラは異様なビッグサイズで、嚙みしめると漫画の肉感がある。こんなザックリしたノリが実に千葉っぽい。

モノレールは、立ち上がるレッサーパンダの腹黒風太が話題となった千葉市動物公園を経由する郊外路線もある。この沿線は公園や大学、倉庫に**旧日本軍の軍事遺跡**が数多く残る一大戦争遺跡エリア。千葉市以外にも県内には津田沼、茂原《もばら》、習志野《ならしの》など戦跡がアチコチに見受けられ、かつて軍都と呼ばれた痕跡が色濃く影を落としているのだ。千葉みなと以外にも房総半島に延びる工業地帯、竹岡周辺に散在する竹岡式と呼ばれる真っ黒な地ラーメン、成田方面のドライブインなど、昭和からのカルチャーが地域に根ざしている。その土地土地にどっぷり浸かって食べ巡るのに最適なのが千葉。あまりに魅力が多すぎて、とても本言には収まりきらない。東京近郊としては埼玉と同様に、いつか機会を設けてじっくり紹介したい。

謎の焼酎メニュー「アカ」

第9章 東京の拡張・郊外の変革

モータリゼーションが起こしたロードサイド文化、足立

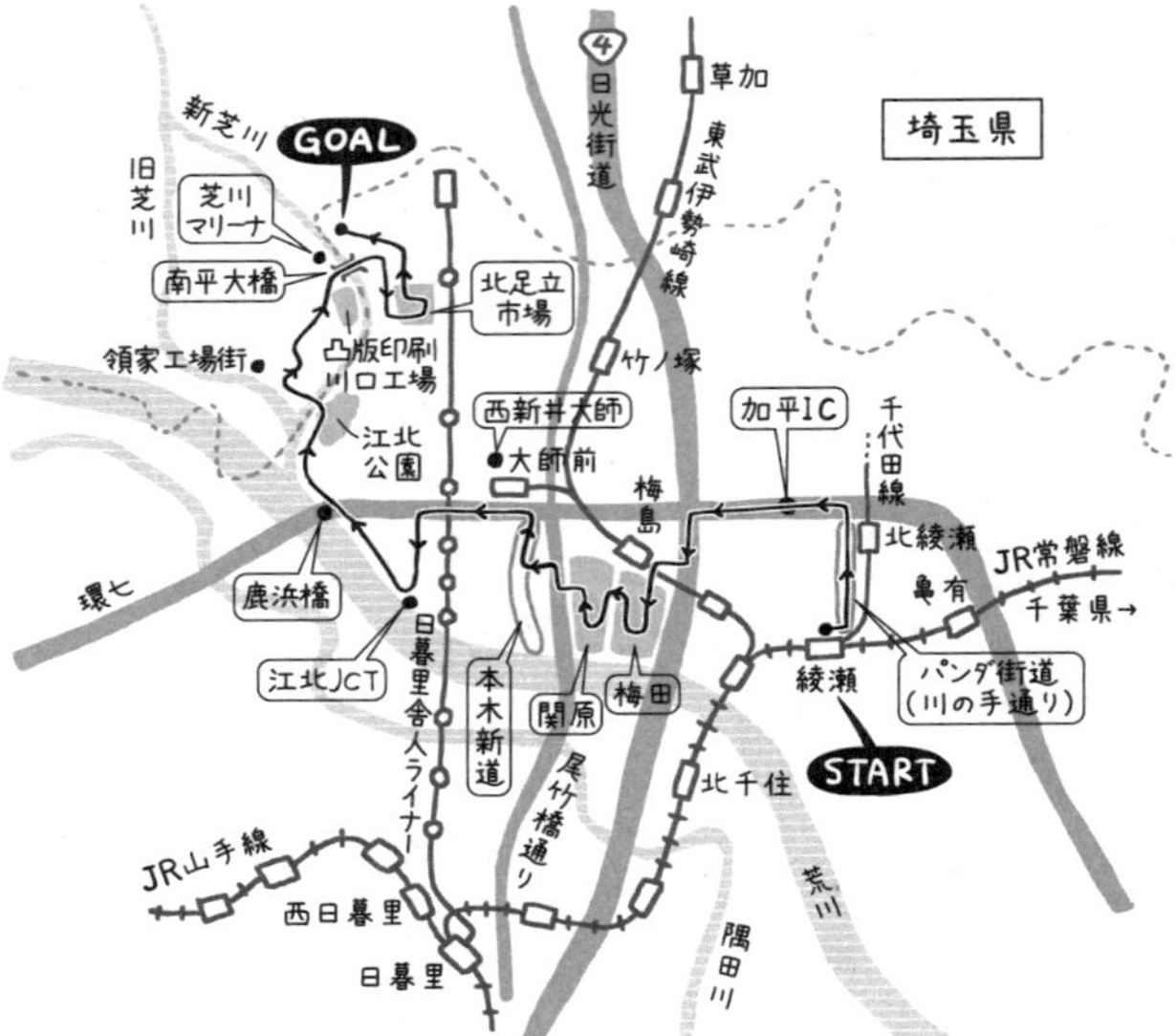

埼玉県
4
日光街道
草加
東武伊勢崎線
竹ノ塚
新芝川
GOAL
旧芝川
芝川マリーナ
南平大橋
北足立市場
凸版印刷川口工場
領家工場街
江北公園
西新井大師
大師前
加平IC
千代田線
梅島
北綾瀬
JR常磐線
亀有
千葉県→
環七
鹿浜橋
江北JCT
日暮里舎人ライナー
本木新道
関原
梅田
綾瀬
パンダ街道(川の手通り)
START
北千住
尾竹橋通り
荒川
隅田川
JR山手線
西日暮里
日暮里

地元では有名「パンダ街道」

環七《かんなな》は東京オリンピックに間に合うよう、会場となった駒沢競技場と、戸田漕艇《そうてい》場《じょう》、羽田空港を結ぶ主要道路として、１９６４（昭和39）年までの開通が急がれた。実際間に合ったのは北区までの区間で、足立区から東は開催後の開通となった。

足立区を横断する環七のほかに、都心と埼玉の工場街を縦に繋ぐ国道４号日光街道や尾久《おぐ》橋《ばし》通り・尾竹橋通りといった道路が走り、首都高三郷《みさと》線や川口線も整備されていった。

その分、鉄道は東武伊勢崎線が通る程度で、近年つくばエクスプレスや日暮里《にっぽり》舎人《とねり》ライナーが開通するまでは、通勤圏のベッドタウンとしてはバスや自転車がメインの移動手段となるエリアともなった。

そのせいで、北千住エリアを除く**荒川から北の区間**は、やれ陸の孤島だ、埼玉じゃないの?とか散々言われ、また**下町よりさらにやさぐれた場末**として、治安の悪いイメージもついてしまった。夜な夜な公園に集うヤンキーを追い払うべく、モスキート音を流すスピーカーを設置したというニュースも、前世紀の話ではない。

しかしそれ故に、他区にない**独自のロードサイド文化**が発達し、**工場と団地が建ちまくる**独特の光景が生まれた。隣町の川口で生まれ育った自分にとって、自営業をしていた父の納品に連れられる度に見てきた足立は、こども絵本で見たようなサイバーシティに映って非常に魅力的だった。

こうした風景は完全に戦後の経済成長によって出来たものであり、足立での商業モデルが昭和的な東京の将来像でもあったし、実験場とも言えた。バブル崩壊までの夢が詰まった足立。その夢の跡を辿ってみよう。

JR常磐線と千代田線の通る綾瀬駅。北側が足立区で、1・5㎞程先に環七が走っている。この区間を繋ぐ川の手通りと名付けられた道路は、一部で**パンダ街道**と呼ばれている。野生のパンダが突如草むらから現れる!というわけなどない。**パンダグループ**と称される企業の店舗が沿道に集中しているからだ。

パンダグループというのはこの一帯でラーメン屋から定食屋、カラオケ、中古車販売に至るまで展開し、綾瀬のエンターテイメントを統括しているといっても過言ではない地元企業。

20年以上前だろうか、環七沿いにはファミレスが並び始め、駐車場を多くとったドライブイン施設や、ボウリング場やラーメン屋などが溢れんばかりに建ち並んでいた。まさにモータリゼーション華やかなりし頃の光景で、そんな中にあって自分の興味を摑んで離さなかったのはファミレスさながらのラーメン店に、自動販売機が並ぶ**無人ドライブインのオートスナック**だった。

パンダ街道を初めて通った時、その二昔前の環七のような店々が目の前に現れ、我が目を疑った。ネオンは煌々と輝き、吸い込まれるように車が駐車場に滑り込んでいく。店舗は人でごった返している。ありえない。ここは千葉か?とも思ったが、千葉でもこういうものは減少している。しかも、それらほとんどが同一グループの手によるものと知って驚愕した。

パンダ街道で人気の味安

中でも一番賑わっているのが**味安**《あじやす》。唐揚げや焼き魚が名物の**大箱居酒屋食堂**で、料理はどれもボリューム満点でリーズナブルながら、国産食材やブランド米を貫いている。持ち帰り弁当もやっているの

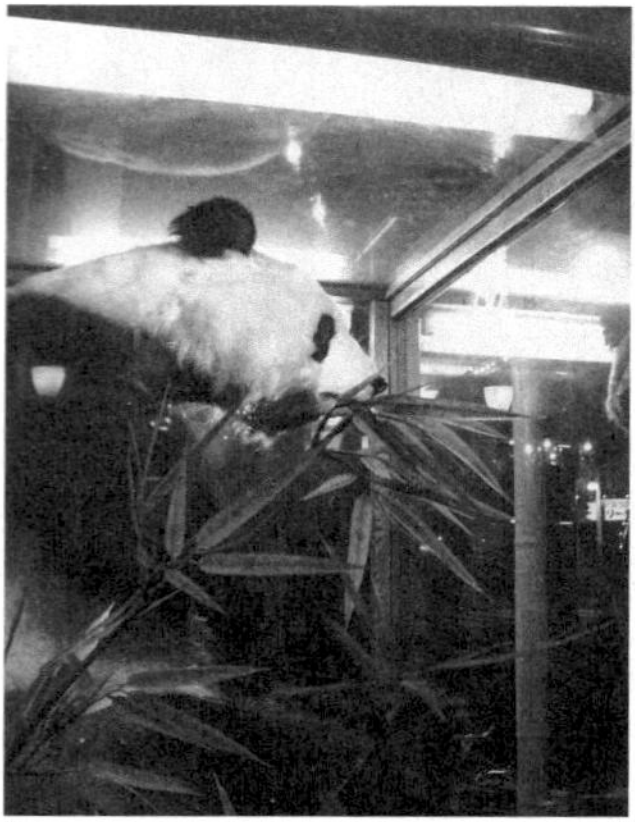

ラーメン店にパンダがいる！

で、一時とてもよく利用していた。

ラーメンがメインの中華食堂が２軒あり、その内の一つ**ラーメンロッジ**には**パンダがいる**のだ。通りから駐車場に入り、店舗入口に向かうと、ガラスケースに入ってお出迎え。知らなければ絶対ビビる。等身大パンダちゃんはホンモノにしか見えない。剝製らしいが、ワシントン条約で保護されている動物ではなかったか。大丈夫かパンダグループ!?

自分がとやかく言う立場にはないので、ともあれロッジの店内へ。山小屋風の内装で、地方の街道沿いのファミレスっぽい。メニューもファミレスっぽく、パウチされた観音開きの写真付き。コーヒーのサービスがあるようなので、一緒にお願いする。

店の方が「もがみー！」と厨房にコールした、最上川なる、生姜焼きと半ライスとラーメンがセットになったメニューがやってきた。これで８６０円とは。

ラーメンはいわゆる醤油ラーメンで、甘みのあるスープ。昔の観光地の食堂にあるような味気ないラーメンを覚悟していたが、いい意味で裏切られた。

生姜焼きは油多めでタレが強めで、荒々しく炒められていて、かなり男の子味に仕上がっている。肉ーッ！タマネギ甘ぇー！みたいな直感的な旨さ。これにライスを食べれば、もうお腹一杯。

最後にきたコーヒーは予想外に濃いめで大満足。レジで会計をしていたら、50円引き券を3枚もくれた。最後までなんて気前のいい店なんだろう。怖いくらいだ。

神殿のような加平インター

環七ラーメン戦争概要

パンダ街道北端、綾瀬警察の交差点で環七に入ると、突如として出現する**神殿のような構造物**が首都高6号三郷線の**加《か》平《へい》インター**。

高速の上り下りそれぞれに環七内回り外回りに出られるよう、ランプウェイが別々に設置されている。この渦巻きがぐるっとかなり大きく回っているので、大人の視点からでも圧迫感がある。子供ともなれば殊更大きく見え、神殿のようなスリットの入った柱を思わせるデザインに圧倒されたものだ。

環七といえば、第1章で土佐っ子を挙げたように、1980～90年代にかけて**環七ラーメン戦争**と呼ばれる一大ムーブメントが起こった。

背脂ギトギト豚骨醤油ラーメンを売りにするラーメン専門店が出来ると、似たような味の店舗が続々出店した。

そこに、博多豚骨を引っさげて、**なんでんかんでん**が登場すると、これまでに東京になかったコッテリラーメンを求め、深夜まで賑わい、なんでんかんでん渋滞なる現象も生まれた。

そんな流れの中では後発だが、加平インターから西に少し行ったところにあった**金太郎**も、なんでんかんでんに次ぐ本格豚骨ラーメン店として脚光を浴びた。

マンションの1階テナントの一軒で、並びには先行する**とんとん丸**という背脂豚骨醤油の人気店があった。しかし金太郎が出来て徐々に実力が認められると、金太郎の方に人だかりが出来るようになった。

本格豚骨というと、何日も豚骨をグツグツ煮込むので、**獣臭が店の外にまで充満**することになる。今日では臭いが原因で豚骨店の出店は厳しいものになっているが、当時でもよくこの場所でよくここまで臭わせているなぁと感心するほどだった。だって、マンションの1階だよ？　完全に上の階のベランダの洗濯物に臭いが付くでしょ。豚骨好きには芳醇な香りとはいえ、生活の中に入ってこられたらキツイ。環七を走っていてマンションが見えてくるだけでプ～ンと車内に臭いが立ち込めるほどの強臭だったもの。それだけ時代が大らかだったのか、足立区民が寛大だったのか……。

　金太郎にいた店員の一人が、近場で**田中商店**というこれまたコッテリ豚骨店を出し独立し、暫くして金太郎は閉店。その後、もう一人の金太郎にいた人が足立の外れで、**もりや**を開業。個人的には金太郎の味に近かったのはもりやだと思うので、もりやによく通った。金太郎の時ほどではないが、入店するとアノ臭いに出会えたのだ。現在は新八柱《やばしら》駅近くに移転し、もりやにいた人が**いっき**として金太郎のDNAを受け継ぎ、今でも足立区にその味を留めている。

金太郎の味を受け継ぐ「いっき」

「キタノブルー」の原風景か？

環七は梅島《うめじま》陸橋で日光街道を越える。この南側は梅島〜梅田という東武伊勢崎線の通る町。私鉄の各駅しか停まらない小駅ながら、周辺には**昭和からの商店街**が幾筋も延びている。ここで足立区の大スター、**ビートたけしこと北野武が誕生**している。「オレたちひょうきん族」を見て育ち、初期の「元気が出るテレビ!!」や元日に放送される爆笑ヒットパレードのたけし枠に多大な影響を受け、思春期に北野映画に触発された身としては、避けて通れない聖地！

ＮＨＫドラマ「たけしくんハイ！」（１９８５・昭和60年）でたけしの幼少期を知ったという方も多いと思う。飲んだくれの塗装工の四男として育ち、都立足立高等学校を卒業するまでの間を足立区梅田で過ごした。

この界隈は宅地化が進んでおり、たけしの著書などにあるような田んぼばかりといった長閑な風景は望めない。しかし農家が土地を宅地として売却したりマンションにしたと考えると、現在の住宅街の光景も納得がいく。

とはいえ足立区でも北側に行けば畑はあるし、トタンの平屋住宅はこの界隈のアチコチに散見できる。多くの町工場が廃業する中、父菊次郎がペンキを仕入れていた塗装屋は今でも存在する。

特に隣町の関原《せきばら》には未だ多くの青いトタン建築が残っている。当時はこの比じゃないほどに**トタン建築で溢れていた**のだろう。ならばペンキ屋も食いっぱぐれないはずだ。

北野映画にもしばしばトタン長屋が登場する。鈑金工や自動車解体屋も出てくるが、足立区内で残っている町工場には鈑金塗装をよく見かける。そうしたものがあるという景色がたけしにとっての町というものであり原風景なのだと勝手に解釈しているが、実際この界隈には青いトタンが俄然多い。

『TAKESHIS'』では外車が停まるトタン長屋は実家の近所で撮影したと自ら明かしていたが、『HANA－BI』など重要な場面での青いトタン長屋の登場はいくつか見受けられる。よく北野映画の特徴として**キタノブルー**があげられ、沖縄の空と海が引き合いに出されるが、自分としては**足立のトタンの青**のように思えてならない。

青いトタン建築が現存する

お気に入りのシベリヤ

環七に戻って伊勢崎線をアンダーパスし、尾竹橋《おたけばし》通りを越えると見えてくるのが**西**《にし》**新井大師**《あらいだいし》。厄除けでも知られ、正月には初詣客でごった返す関東の三大師の一つながら、最寄りは大師前駅という、西新井駅と一駅しか繋がっていない**短小路線**の駅のみ。元々は環七に沿って板橋まで延伸する計画だったが、わずか一駅で終わってしまったという残念っぷりが、なんとも足立らしい。

大師から荒川まで延びる**本木**《もとき》**新道**は旧街道の趣があり、シャッターも目立つが未だ商店が軒を連ねている。さらにシャッターが下りた店舗は取り壊しや建て直しが目立つが、辛うじて昭和からと思しき古い物件がいくつか現存している。**長屋的商店建築**もあり、中には強烈なトタンのサビ具合の物件も目にする。

さてこの本木新道、さぞ歴史ある旧道かと思いきや、農業用水と思しき川に沿った道で、川が暗渠化された際に今のような幅の道になったそうだ。

暗渠化される前の道沿いにも商店は存在していたようだが、昭和30年代から今のような商店街の形になったと推測される。するとだいたい50～60年の歴史といったところか。暗渠化前の道は、大師に至る新道という話もあり、もしかしたら気づかないところで歴史的物件が埋もれているかもしれない。

本木新道の環七ちょい手前にある如何にも昭和からといった佇まいのパン屋が**三**《さん》**勝堂**《しょうどう》。ショーウインドウから見えるはなんと**シベリヤ**。

シベリヤはカステラで羊羹をサンドしたもの。これだけ聞くとゲテモノのようだが、歴史はかなり古く、「断面の模様がシベリアの凍土に似ている」とか「革命軍に追われて日本へと逃げてきたロシア貴族の娘が、シベリアの凍土を思って作ったもの」などと言われている。

店内は小さいながら**甘食**《あましょく》**など馴染みあるパン類**が並ぶ。冷蔵ショーケースにブリックなどの紙パックジュースが並んでいて、こういう店にいるとワクワクしてくる。

購入時シベリヤに釣られて入店してきたことを店の老夫婦に言うと、シベリヤはとても人気があると教えてくれた。

早速食べてみると、カステラ部分はスポンジケーキに近く、

シベリヤや甘食などが並ぶ

甘さは控えめ。どちらかというと焼き目の感じからもパンケーキに近いかもしれない。羊羹はあんこの風味が強く、ベタ甘じゃないのが嬉しい。

このコンビネーションはしつこくないのに満足感があってイイね。お気に入りのシベリヤの一つとなった。

陸の孤島でコートレットを

尾竹橋通りから環七を西へ進み、日暮里舎人ライナーが走る江北《こうほく》陸橋を越えた辺りから、陸の孤島という言葉がしっくりくる寂しい空気に包まれる。沿道には**薄暗い大型ペットショップ**やら、シミだらけの外壁で**終末感漂うラーメン屋**、雨ざらしで**売る気の感じられない中古車屋**と続き、人影はまばら。

そんな中に、70年代チックな赤い屋根のレストラン**マーガレット**を発見した。1階が駐車場で車を誘う看板がなんだかロードサイドのラーメン屋みたいな電飾だし、昭和な店名ロゴがオドロオドロしく、なんとも怪しい雰囲気。中に入ったら私物で溢れる猫屋敷だったら……と、入る前から不安が尽きない。

恐る恐る扉を開けると、そこは良い意味で裏切ってくれる別天地だった。敢えて塗りムラを残した白壁、天井からオレンジ色のランプが下がり、テーブルにはエンジのクロスをかけられている。**大衆洋食よりワンランク上のレストラン**といった風格。

いや～、オイラ入っちゃっていいのかい？ってな具合に、エへへへなんて頭をかきつつ、ウエイターに促されるまま奥の席へ。すかさずウエイトレスがお冷やを持ってくるが、注ぐのがなんとワイングラス。懐は大丈夫かと心配になるが、ランチは1000円前後。わかっていてもつい財布の中身を再確認する小市民っぷりを発揮してしまう。

昼過ぎでも客はおり、近所の年配客をしっかりと摑んでいる様子。窓からは環七の喧騒が窺えるが店内は静か。シャレた窓枠の向こうには、工場や解体工事風景が展開している。この辺のギャップは、さすが足立。

そうこうしていると国産とんかつ200

とんかつというよりコートレット

g 1050円がやってきた。うぉー、なんじゃこれは!? 普段食べてるとんかつと似て非なるもの、**まさしくコートレットといったフォルム**。ナイフとフォークでとんかつ食べるの初めてじゃないかな。結構パワーいると思ったら、あっさりサクッと貫通してしまった。

断面を見ると、これがほのかにピンク色。でもしっかり火が入っていて、噛むと軽やかなサクッという衣の後に、肉汁がもうスパークする。その後、口中に肉の甘みが残る。

付け合わせのソースをつけても美味しいのだが、なんかせっかくのサクサク衣が勿体ない気がして、でも付けたのも食べたくて、レモンをちょこっと絞ったりしながら結局3パターンで味わって、あっという間に完食してしまった。

このサービス価格、夜の部も18時半まで受けられるという太っ腹。もう大満足の後、再び環七の喧騒へと戻るのだった。

JCT鑑賞ポイントはここだ！

上沼田交差点から荒川にかけての一帯に、**上沼田《かみぬまた》団地**という1960年代の団地ラッシュ草創期に建てられた**巨大団地群**があった。団地という名の同じフォルムをした建物が、しかもベランダの方角が一斉に南側を向いているから、面白いというか、果てしなく続いているように感じられて空恐ろしく映った。

この団地は、**ベランダの一部に風呂場を増設**しており、スチールの鈍く輝く銀色の配管が1階から屋上まで垂直に鉄格子のように幾筋も延びる様は、特に夜通りかかると迫りくるような圧迫感に襲われる。そこにきて外壁そのものが経年変化で、ヒビ割れ黒ずんでいるから尚のこと迫力を増していた。

そんな風景も、老朽化による取り壊しで、数年かけて段階的に消えていった。今は真新しいマンションと、緑地公園が整備されている。周辺の商店もほとんどが老朽化や店主の高齢化で閉じ、あるのはスーパーやコンビニ、環七沿いのチェ

ベランダの一部に風呂が

ーン系外食店ばかりとなった。この辺の人たちはどこで外食をするのカナ?……なんて思ってしまう。たぶん、仕事帰りの乗換駅とか、休みの日にショッピングモールとかで済ませるのかもしれない。だとすると、地元にお金がなかなか落ちない。なんとかならんもんかのぉ。

上沼田団地からは荒川に抜けるバス通りが走っている。都バスの**荒川土手操車場**があるからだろう、バスの往来が激しい。この周辺はかつて商店が栄えていたようで、スナック等飲食店のほか、眼鏡店や水道屋など商店街に近い状態であったようだが、その多くが廃屋と化していた。

そんな中、ガチャガチャの並ぶ隣の看板が目に入り路地の先を見ると、昔ながらの千鳥破風の宮造りの古典銭湯**江北湯**が元気に営業していた。

入口脇にコアラが描かれているが、なんと**銭湯ペンキ絵の大家、故・早川利光氏によるもの**。定番の富士山はともかく、コアラなんて書くとは。1980年代のコアラブームの時のものだろうか。コアラのマーチは未だにあるけど、あのブー

コアラの絵が!?

ムはなんだったのか⁉

なんてことを考えながら下駄箱に靴を入れ、木の下足札を抜いて脱衣場へ向かおうとすると、磨りガラスには女湯の文字が。よく見ると男湯の入口はなく、改装してフロント形式になったようだ。男も女もかつての女湯から入るのか。

番台を改装したようなフロントに腰の低いオバアサンがいて、入湯料しかボタンのない券売機で購入した券を渡す。このフロントがまた面白く、シャンプー等とは別の棚に、たこ焼きやニンジン、タマネギなんかが売られている。道の駅超コンパクト版か。

脱衣場は激シブな空間。古いマッサージチェア、柱時計、焦げ茶色の格天井に、庭もある。これぞ銭湯といった空間が広がっていた。

浴室は年季の入ったものながら、壁面は塗り変えた様子も見えてキレイに保たれている。**富士山のペンキ絵は中島盛夫氏のもの。**かつては入口同様早川氏の専属だったようだ。

風呂は緑色の深い変わり湯とジェットもあるメインの浴槽、そして泡風呂という構成。湯は全て軟水が使われており、これがもうヌルヌル。アナログの**温度計は46℃を**

荒川土手の光景

指していたが、数字ほど熱く感じないのは軟水ゆえか。

ポカポカと温まり、庭から吹く風で湯ざましして銭湯を後にした。帰りもオバアサンは丁寧に送ってくれた。場所柄、かつては上沼田団地の住民がたくさん利用したのだろう。いやはや、銭湯だけでも団地が取り壊された現在まで現役でいてくれるとは。

荒川土手操車場の目の前は荒川。土手の上に巨大な首都高が覆いかぶさっている。**江北《こうほく》ＪＣＴ**という典型的なＹ型ジャンクションだが、土手に上がると、頭上数ｍという近さでＪＣＴを見上げることが出来る。**首都高の土手っ腹が天を覆う**大迫力、ここまで徒歩で近づけるポイントはなかなかない。

さらには、荒川の向こうにハートアイランド新田《しんでん》という出来て間もない**高層マンションが密集する島**があり、土手の内陸側は昭和からの工場や鉄屑屋が眼下に見渡せる。頭上の高速には郊外へと積み荷を運ぶトラックが行き交い、この場に立つだけで、現在の東京がどのようなもので成り立っているか、一度に俯瞰した気分になる。

鹿浜橋で肉を食らう

荒川を遡るように土手を歩くと、**鹿浜橋**《しかはまばし》に出る。足立区内の環七の西端に出た。橋の袂に、カラオケボックスとステーキハウスが並んでいる。全くもって謎は深まるばかりだが、この**ステーキハウスペコペコ**、以前は都内にも結構な店舗数展開しており、ウエスタン調で木の車輪のオブジェを看板にしていたので、記憶にある方もいるかもしれない。

自分が子供の頃、足立や葛飾あたりの幹線道路沿いにペコペコが結構あって、車窓から見る薄暗くて怪しげな外観に心奪われた。しかし親はあまり関心がないようで、ついぞ足を踏み入れることがなかった。というわけで、ペコペコに遂に足を踏み入れるというのはワクワクする以上に緊張を伴う。

入口はカラオケとステーキが別々に分かれているので迷わず済んだ。ステーキ側には**古ぼけた等身大のコック人形**が親指を立ててお出迎え。ちなみに、カラオケ利用でもボックス内にステーキを運んでくれるらしい。カラオケ内でなんでも完結させてしまおうという発想がなんとも足立っぽい。

店内は明かりを落とした落ち着いた雰囲気。天井が高くログハウス調で、やはり車輪などのオブジェが掲げられたりしているが、テーブルや椅子は至ってフツーでファミレス。

席ごとにメニューの紙がセットされ、昭和なイラストのカウボーイ坊やが案内している。メニューの下には支店リストがあり、コチラが一応本店というポジションのようだ。蒲田《かまた》(大田区)のほかは浦和・大宮・越谷《こしがや》・草加《そうか》と、埼玉県南部に支店が集中している。

昼はステーキやハンバーグのセットが千円以下となっているが、夜でもサラダやドリンクを頼まなければ、**千円前後でハンバーグのほかステーキも頼める。**というわけで、シングルステーキ150gにライスを付けて1100円。ジュージューいってる鉄板に乗ってやってきたソレは、この値段とは思えないシッカリした量。おおっ、これが憧れ続けたステーキか!!

付け合わせはコーンとインゲンのみだが十分。肉にはレモンとステーキバター(パ

コスパよすぎの柔らかステーキ

セリ等の青い粒々の入ったもので、正しくはメートルドテルバター（というらしい）が乗っており、これだけでもう一気にご馳走という感じになる。

バターを塗り塗りし、爆ぜが落ち着いたところでナイフを入れると、スッと簡単に切れた。適度に中が赤くちゃんとミディアムに焼けており、噛むとスッと口中で溶けた。端に脂身はあるし、卓上のステーキソースはワインかどうかしらないがソレらしく風味とコクがあるし、やや醤油テイストが強かろうが、もう立派にご馳走ステーキになっている。

所々焦げたコーンやインゲンを、油の混ざったソースに絡めてご飯に乗せて食べるとまた格別で、すっかり童心に戻って完食。

会計時、深夜割増などかかるかと心配したが、キッカリ１１００円。申し訳なくなってくるが、いくらリーズナブルな店でも、どうしても高額になるステーキだから、その店の実力を見るには**エントリー価格として最適**かもしれない。念願も叶ってもう大々満足！

道々に「臓器」の文字が！

環七の鹿浜交差点から北に埼玉へと続く都道が延びている。埼玉から先は**領《りょう》家《け》工場街**へと繋がるためか、トラックの量がさらに増した印象がある。

この道の裏路地には焼肉の有名店**スタミナ苑**があるほか、大衆食堂や飲み屋など、密かに土着店が散見できる食の穴場なのだ。

いよいよ埼玉県川口市へ。首都高川口線高架下には、江北公園という整備された緑地が続き、テニスコートなど区民の憩いの場となっている。それとは裏腹に、首都高と並走するように流れる、**荒川から分かれる新芝川《しんしばかわ》**の土手に上がると、ガスボンベが無数に並ぶ小池酸素など**工場の殺伐とした風景**が広がる。

何やらエメラルドグリーンに輝く「禁水」と書かれた池が

ケミカルな色の池

非常にケミカルでグッと目を引く。周りは真っ白く粉をまいたようになってるし、じっと見ていていいものか心配になる程、チョットばかり危険を感じてしまう。

ここから領家工場街を通って川口駅方面へと抜ける道は、片側一車線で歩道も満足になく、しかも土手状になっている道はスグ脇が斜面なので、自転車や徒歩でいくと落っこちそうで相当に怖い。年配の方など絶対に転落しているぞ。

この道で面白いのが、堤の脇の家々。道路上には2階部分や平屋の屋根だけが顔を出しており、**一見道路に家が埋まっているよう**に見える。しかも結構ハードな錆びだらけのトタンのバラックも散見され、倒れてそうなったのか、元々埋もれているのかよく分からない状態のものも。

工場はこの堤と旧芝川の土手道の間に集中している。工場には水が必要で、かつ公害が問題視された時代には排水もされていただろう。今では浄化設備も万全となり、川の水質も随分と改善されたが、鉄サビだろうか、工場脇の道が真っ茶っ茶になっている所などを見ると、往時の凄まじさが推し量られる。

この町には臓物の加工工場が多いようで、**道々に「臓器」と書かれた看板**が立っている。そういう土地柄だからだろう、北海水産という肉の卸業者が運営する、**くじら**

食堂という鯨肉専門店がある。鯨食文化の普及に努めようとはじめた、いわばアンテナショップ。外観は素っ気ないプレハブのようだが、「鯨は日本の食文化」と読める幟がはためいている。

自分はどじょうにはじまり、イナゴ、熊肉、馬肉、牛肉（生の刺しね）が好物なのだが、人に言わせると悪食《あくじき》らしい。でも、本人としては幼少のみぎりより嗜んできた日常食に近い味でしかない。

店の窓には竜田揚げ定食のほか、刺身定食やらイロイロ貼り紙が貼ってある。中に入ると、まさに市場の食堂って感じで少々殺風景。**券売機を見るとボタンが一つだけ**。確か鰻重だったかな。どっちやねん！　店のオバチャンに尋ねると、「鰻重ありません」的な内容の貼り紙がしてある。しかし券売機には「鰻重ありません」的な内容の貼り紙がしてある。

以外のメニューはないから、とりあえず食券買って、渡すときに好きなもんを頼むシステム。

給食センター風の厨房に食券を渡し、しばし待つ。周囲はタクシーの運ちゃんと近所の子連れ。みんな常連。妙にまったりとした空気が流れている。

鯨ステーキ定食７００円。鯨料理というと竜田揚げがメジャーだが、せっかくだから食べたことのないものを。ステーキは直径6〜7㎝ほどの大きさが10切れ未満くらいだったかな。厚みは5㎜ほどと結構ある。噛んでみると、動物系赤身！って感じの押し戻すような食感があって、その後、やや生臭い後味が続く。鯨肉で生臭いと思ったことはなかったが、ステーキは初めてなので、これがより本来的な味なのかもしれない。

そして驚いたのがご飯！　甘みがしっかりあって、やや柔らかめの瑞々しい炊き上がり。ここまでご飯が旨い定食屋にはなかなか出会えない。

壁を見ると、新商品・**くじらメンチカツ**単品300円とあったので、追加してみた。そしたらビッグサイズが2個も出てきた。いやそんなに要らないんですけど。

ツボにハマったくじらメンチカツ

とはいえ食べてみると、**これがもうツボにハマった！**　衣は厚めでやや野暮ったい感は否めないが、中はタマネギが多めで噛むと甘みが広がる。クセは皆無に等しく、タマネギが相当臭い消し効果を発揮しているようだ。

肉自体はこれまたジューシーさはないが、ホクホクとしたミンチ肉の食感とタマネギの相性が抜群。野菜と肉と揚げ油という3種の異なる甘みが一所に閉じ込められた気がして、**鯨肉はメンチのための肉と思えてしまう**ほど。

思いの外あっさりとしていたため、結局なんなく完食してしまった。これだけ食べて千円というのだから驚きだ。川口駅からも果てしなく遠いが、わざわざ来る価値はあると思う。

所在なくも清々しい市場メシ

再び足立へと戻ろうとすると、**山田うどん**の先に凸版《とっぱん》印刷の工場がデーンと立ちふさがる。
昔からこの道路を通って**工場街の殺伐とした雰囲気**の中をあてどなく自転車を飛ばすのが好きだった。暗黒時代を生きたモラトリアム学生の行き場のないモヤモヤを晴らすべく疾走するには恰好のロケーションだったわけだ。

上）芝川マリーナ　下）南平大橋

トッパンの対面にはレンタル用のＣＡＴの重機がズラリと屍のように並び、川沿いの芝川マリーナには**無数のボートが停泊**しているのだが、マリーナという響きにはイマヒトツ及ばぬ、こうした周囲の環境ゆえか、暗澹《あんたん》たる空気に包まれている。

新芝川に架かる**南平《なんぺい》大橋**を渡ると、**足立区辺境ビューが一望**できるが、その中に郊外らしくラブホやその看板がドン・デン・ドーンと建ち始める。ここから首都高足立入谷《いりや》ランプにかけて、さらにトラックとすれ違う頻度が増すのだが、インターがあったり近くに物流倉庫が多いのも、スグ先に**北足立市場**があることに関係しているのだろう。

約60万平米という巨大な舎人公園の西部は、青果を主に扱う北足立市場を中心に、**物流倉庫が密集する足立流通センター**となっている。

二木《にき》の菓子のセンターまであるが、全てが人サイズではなく巨大で、近くを通るだけで圧倒される。団地倉庫なるアパートのような形状の倉庫があったりと、古さは感じられないが見所満載。
北足立市場には**部外者でも入れる食堂**がある。関連事業棟２階というが、その場所が分からない。行き交うターレーの間を縫うように歩いていると、「**二階食堂**」と書かれた看板を発見。その建物の階段脇に、食堂名店ご案内と題されたプレートが掲げられている。喫茶店から寿司屋まで７店舗の名がズラリと並ぶ。

青果を主に扱う北足立市場

テンションＭＡＸで階段を上がると、学校の校舎のようなガランとした無機質な白い廊下に、ポツポツと暖簾が掛かる店らしき姿が数軒見受けられた。時間が悪いのか、はたまた営業をやめられたのか、なんとも寂しい光景だったが、２つ暖簾が掛かるうちの一つ、**水元屋《みずもとや》食堂**に飛び込む。

社食のような食堂を想像していたが、中は完全に一つの独立した店舗。Ｕ字カウンターが店の真ん中にデンと鎮座し、その上には洗浄済みの食器がうずたかく積まれている。ガッチリとした体格のご主人とご夫人だろうか、お二人で営まれている様子。

先客は常連と思しきニイチャンが一人、ご主人と市場に関するトークを繰り広げている。なんとなくよそよそしさを覚えるも、カウンター下にあるビッグコミックなんぞを読みながら待つことしばし。

鍋を振るう豪快な音が途切れるとともに、やってきたのは**スパイスそば**700円。要はコショウそばなのだが、ネーミングがいい。それよりもなによりも、なんだこの量は⁉

底がやや深い丼すり切り一杯にスープがなみなみと注がれ、その上に**浮島状態の野菜がドーン**と浮かんでいる。野菜のモンサンミッシェルや〜ってな塩梅なのだが、とにかく野菜の量が半端ない。コショウと野菜汁でドス黒くなったスープに心惹かれるも、まずは野菜の山を崩さねば話にならない。

食べ進めて思ったが、スープすり切りの下もほとんどが野菜で、下から麺を引き出すユトリもない。適度に炒められシナッとした野菜は、モヤシ以外にもキャベツやニラも多く、カットも大きめなので野菜摂取してる感が満点。汁も吸っているので顎が疲れる感じはないが、皆さん朝っぱらからコレ食ってるのだろうか、いやはや敬服する。**やっちゃ場で働く男は違う**ね。

野菜ドーン！なスパイスそば

ある程度進んだところでやっと麺に出会える。白っぽいやや縮れた細麺。野菜エキスとコショウのスープを吸ってグデングデンになった麺を、野菜と一緒にモグモグする。この渾然一体となった味わいを前に、食材がどうしたとかいう**蘊蓄《うんちく》は意味をなさない**。

少々苦戦したが完食。平らげた丼を上げ、ご主人と奥さんに申し訳ない程丁寧に見送られ、再びターレーの合間を縫って、市場を後にした。

部外者もウエルカムとはいえ、市場関係者でないというアウェー感の中、普段滅多に足を踏み入れない場所で喰らう男メシは**所在なさと同時に、なんとも清々しい気持ち**にもさせてくれるものだ。

10年以上前の味、そして

足立入谷ランプから埼玉に入る直前のパチンコ屋向かいにあるのが、**雪国ラーメン**。埼玉や千葉、北関東でも見受けられるのだが、ディスカウントストアなど街道沿いの大きめの商業施設にはコバンザメのようにイカ焼きなどの屋台がくっついているもので、子供時分にそれを見つけると妙にテンションが上がった。なんてことない味なのだが、異様にウマく感じられた。

都心でもたまに日曜限定でスーパーの前に焼き鳥屋台が出てるのを目にするが、あの感覚。四国なんかではパチンコ屋の駐車場に讃岐うどん屋があると聞くが、東京でも足立や葛飾あたりだと県境近くにいけば稀に見かける。この雪国ラーメンはこの界隈に数店舗あったが、ここから少し離れた**パチンコ屋の駐車場で営業していた店**がなくなり、こちらに統合されたようだ。

店内に入ると、先客はガテン系アニキと若いアベック。二人いる店員はどこかいい意味で動きがユルいというか、無駄に威勢いいラーメン店になりきれない感じが、かえってホッと出来る。

とんこつラーメン並麺硬め脂多めの、焼肉丼とのセット850円を頼んでみた。昼には700円位でランチセットとなるようだが、夜でもこの値段でこの量食べられるのなら十分。十分というか、**焼肉丼はミニとは思えない量**で驚く。

まずラーメンは、脂多めだけあってしっかり背脂でマスクされている。スープ自体は塩ッ気があってサッパリしてるものの、やや苦みというか焦げっぽい味を微かに感じる。麺も硬め指定とあって芯が残るバキッとした仕上がり。薄めながらとろとろのチャーシューも相変わらずイイ。全体に、**環七ラーメン戦争時代によくあった背脂豚骨醤油味**を彷彿とさせる。

こんなセット、ジンときてしまう

焼肉丼は、タレ自体がサラッとしており、ラーメンスープに移って邪魔するということはない。肉は焼肉と謳うが豚肉。やや薄で丸まっているが、炒め具合は油っこくなく焦げず、ホックリいい感じに炒められてる。この肉に、ちょっとだけピリッとした辛みが加わった甘い味付けが、瑞々しさも残るご飯とマッチしている。ラーメンの付け合わせとしてもうピッタリ。

最後に、ラーメン丼の底に残った茶濁したスープと、焼肉丼の米を交互に食して完食。以前はもうちょっと茶濁したスープだと思っていたが、最後の方は往時の感覚が蘇る濁りっぷりだった。

焼肉丼は満足度高いし、なによりラーメンはこの**10年以上は確実に都心では食べられなくなっているタイプ**だ。特別感はなにもないが、こんなセットを夜中に食ったら、オジサンはジンときちゃうに違いない。

埼玉からは新郷《しんごう》工業地帯を筆頭に、草加、八潮《やしお》と足を延ばしても、そこにはただ工場と倉庫とまばらな住宅という郊外風景が続くのみ。さらに工場もデカくなり、悪路が増え、人気もなくなっていく。

しかしそのことによって、**徹底的に人が感じられない空間**に身を置きたい自分を、より強固に受け入れてくれる空間となっている。そして、自らの日常の生活空間との対比が鮮明となり、都心の機能を支えているものなど、普段は見えなかったものがますますクリアになっていく。

小学生時分に車の窓から覗いた時も、モラトリアム時代に自転車で疾走した時も、今こうして工場街で一人食べ歩いている時も、いつも広漠とした風景がそこにあった。

ただ、あるだけだった。

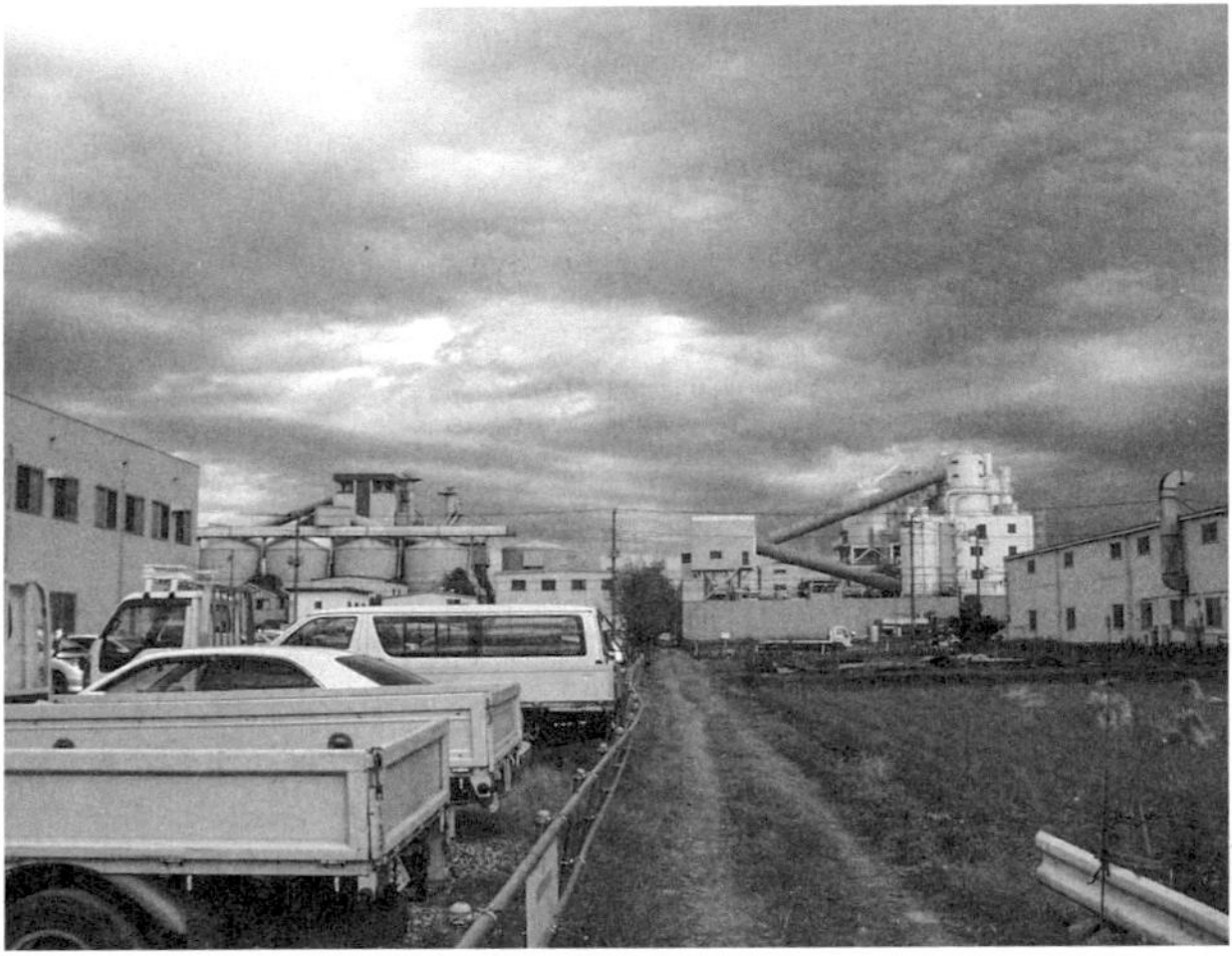

あとがき

第7章で触れた永井荷風の随筆に、「放水路」というタイトルのものがある。荷風は東京中心部の派手な観光地より、路地や崖、坂などを好んで散策していたのだが、特に川の土手の荒涼とした風景に関心があったようで、当時（随筆には1936・昭和11年の春という記述があるから戦前だろう）住んでいた偏奇館のあった麻布から荒川や江戸川の土手まで出かけていた。昔の人はよく歩いたというが、全て徒歩か、一部市電等を利用したとしても相当な距離だ。

この「放水路」では本書に登場した江北JCTのある江北橋も出てくる。自分がそこらの広漠とした光景に感じた、人気がなく、工場など人サイズのものがなく、そこにいる自分など無と思えてしまう、そんな状況に惹かれる感覚は、荷風も抱いていたようで、「放水路の眺望が限りもなくわたくしを喜ばせるのは、蘆荻《ろてき》（＝土手に生えるアシやハギといった草）と雑草と空との外、何物をも見ぬことである。殆《ほとん》ど人に逢わぬことである」という記述を目にした時、オマエはオレか!? と思わず口にしてしまった。

モチロン、当時と今とでは見える風景も違うだろう。しかし郊外の広漠とした景色に求めるものは同じだったはずだ。そこは日々過ごす日常の延長線上にある場所でありながら、日々の生活では隠されている、都市を動かす物流等の実態が蠢《うごめ》いている。宅配便が注文した次の日に届いたり、外食チェーンは何処へ行っても同じメニューが食べられたり、水洗トイレで水がいつも流れても、不思議に思わず日常を送れるのは、土手から眺める首都高を走るトラックや、眼下に広がる下水処理場のお陰だ。例えば勤め人なら日常的に通勤で行き来する世界から土手へと身を置くことで、これまで目に入ってこなかったものを目《ま》の当たりにし、普段気にしなかったものの存在に気付かされるだろう。

何もない風景を求めて来たはずなのに、そこで目にしたものによって、日常が喚起される。そうした気付きってのは、毎日の生活の中でもふとした瞬間に訪れるものだ。荷風は人気のない場所へと散策に向かうが、同時に日常生活の中に埋没もする。このオッサン、まぁよく食べる。しかも天丼とか油ギッシュなもんが日記にはよく登場する。

よく分からないが研究者とかに言わせると戦後は文学的な評価が落ちたようで、浅草の大衆劇のシナリオを書いたりしている。ストリップ小屋の楽屋で半裸の踊り子さんに囲まれてご満悦な荷風の写真を見た人もあるかもしれない。あれをどう見るのかは人それぞれだが、文学的評価より、より日常的な大衆性の高いものへ身を置くことの方が重要だったんではないだろうか。

そして晩年は病気を患ったこともあり千葉の市川に移って余生を過ごす。京成線の八幡《やわた》駅前で2017年6月まで営業していた大黒家でよくメシを食ったらしいが、病気だからそば屋で大人しくそばでも手繰ってるのかと思いきや、なんとカツ丼で日本酒を飲んでいた。これは荷風セットという店の名物メニューになったが、死ぬ直前に食ったのも同じカツ丼セットというのだから、B級グルメ好きもここに極まれりというか、呆れるのを通り越して恐れ入る。自分も死んだ時は胃の中から背脂が検出され、アイツは死ぬまで阿呆だったとSNSで流れるのだろうか。まぁそれはそれで、名誉の戦死と言えなくもないか。

それはともかく、日々なにかに追われるように忙しく過ぎていく生活の中で、もしちょっとした遠出、食べ歩きといったものが気晴らしになるならば、本書で取り上げた場所やお店に縛られず、各々の出かけた先で、自分なりの風景の楽しみ方、お店との出会いを探ってもらいたい。自分自身が生きていく中で、何を楽しみとし、生きがいとするかなんて、参考にはしても他人に決められたくない。いくら他人からあの本面白いよ、あの映画泣けたよとか言われても、自分に響かなければしょうがないし、その興味が持てるポイントって生きてきた過程が違うだけ、人それぞれ違うものなのだと思う。絶対的に楽しいものがないように、絶対的に美味しい食べ物もない。正解はないから、それを探す過程を含め、自分なりのツボを見つけることを楽しむほかない。無駄な労力も含むだろうが、この上なく刺激的なはずだ。

2018年5月

刈部山本

■参照文献

木村聡　『赤線跡を歩く』ちくま文庫
西井一夫・平嶋彰彦　『新編「昭和二十年」東京地図』ちくま文庫
陣内秀信　『東京の空間人類学』ちくま学芸文庫
藤森照信　『建築探偵の冒険　東京篇』ちくま文庫
藤森照信　『明治の東京計画』岩波同時代ライブラリー
東京建築探偵団　『建築探偵術入門』文春文庫ビジュアル版
松山巌　『乱歩と東京・1920 都市の貌』PARCO出版
植田実・著／鬼海弘雄・写真　『集合住宅物語』みすず書房
森口誠之　『鉄道未成線を歩く〈私鉄編〉』JTBキャンブックス
古地図ライブラリー別冊　『古地図・現代図で歩く　戦前昭和東京散歩』人文社
宮脇俊三　『鉄道廃線跡を歩くIX』JTBキャンブック
荒井禎雄　『日本の特別地域3　東京都板橋区』マイクロマガジン社
倉西茂／中村俊一　『最新　橋構造』森北出版
『〈図説〉鉄道路線はこうして生まれる』学研
首都高速技術センター　『写真でみる高速道路橋の技術　コンクリート橋篇』
伊吹山四郎他　『わかり易い土木講座12』彰国社
首都高速道路公団　『首都高速道路公団二十年史』
東京高速道路　『東京高速道路五十年のあゆみ』
飯田則夫　『TOKYO軍事遺跡』交通新聞社
堀内ぶりる　『横浜徘徊』東洋出版
猪野健治編　『東京闇市興亡史』ふたばらいふ新書

『女性・戦争・人権　第7号』行路社
滝田ゆう　『寺島町奇譚』ちくま文庫
滝田ゆう　『裏町セレナーデ』双葉社
永井荷風　『濹東綺譚』岩波文庫
永井荷風　『荷風随筆集（上）』岩波文庫
川本三郎・湯川説子　『図説永井荷風』河出ふくろうの本
特集アスペクト　『ラーメンマニアックス』アスペクト
『ＢＵＢＫＡ』２０１０年2月号　コアマガジン
麺's ＣＬＵＢ　『ベスト　オブ　ラーメン』文藝春秋
今柊二　『定食学入門』ちくま新書
今柊二　『ファミリーレストラン「外食」の近現代史』光文社新書
クドウヒロミ　『モツ煮狂い第二集』

■参照ＷＥＢページ

ＩＮＡＸ　サウンド　オブ　マイスター：くにまる東京歴史探訪「失われた楽園を求めて」
http://www.joqr.co.jp/meister/kunimaru/060306.html
ヨコハマ経済新聞　「かつての風俗エリアも今は昔…再生へ向け動き始めた黄金町の『現在』」
https://www.hamakei.com/column/135/
首都高速道路株式会社　http://www.shutoko.jp/
東京都住宅供給公社　http://www.to-kousya.or.jp/
向嶋墨堤組合　http://mukoujima-kenban.com/
鳩の街通り商店街　http://hatonomachi-doori.com/

荒川上流河川事務所 http://www.ktr.mlit.go.jp/arajo/
仲宿商店街振興組合 http://www.nakajyuku.jp/
佐竹商店街 http://www.satakeshotengai.com/
東京都公衆浴場業生活衛生同業組合 http://1010.or.jp/
板橋区浴場組合 http://1010itabashi.or.jp/

■参考個人サイト・ブログ

人力－旧街道ウォーキング https://www.jinriki.info/
WILD-WIND http://www5b.biglobe.ne.jp/~a-uchi/indexM.html
黒沢永紀オフィシャルブログ https://blog.goo.ne.jp/ruinsdiary/
古今東西散歩 http://kokontouzai.jp/sanpo/
東京蒐集録 http://www.kazeiro.net/tokyo/
ふしぎの森の会 http://www5e.biglobe.ne.jp/~ootaka/
ZeroZone http://www2s.biglobe.ne.jp/~stakers/jindex.html
多摩湖の歴史 http://www.geocities.jp/akutamako/index.html
Rail&Bikes http://hkuma.com/
みに・みーの部屋 http://www.geocities.jp/ramopcommand/
風呂屋の煙突 http://furoyanoentotsu.com/
旅は哲学ソクラテス http://furonavi.blog.jp/
journaux 出挙 http://blog.livedoor.jp/itaco_88/

知恵の森
KOBUNSHA

東京《とうきょう》「裏町《うらまち》メシ屋《や》」探訪記《たんぼうき》

著　者──刈部山本（かりべ やまもと）

2018年　5月20日　初版1刷発行

発行者──田邉浩司
組　版──萩原印刷
印刷所──萩原印刷
製本所──ナショナル製本
発行所──株式会社 光文社
東京都文京区音羽1-16-6 〒112-8011
電　話──編集部(03)5395-8282
書籍販売部(03)5395-8116
業務部(03)5395-8125
メール──chie@kobunsha.com

ISBN978-4-334-78744-8　Printed in Japan